JOY SNELL

Der Dienst der Engel

diesseits und jenseits

Erlebnisse einer Krankenschwester

8. Auflage

TURM VERLAG – 74308 BIETIGHEIM

ZUR EINFÜHRUNG

Es erfüllt mich mit großer Freude, daß nun das gute Buch von Mrs. Joy Snell, The ministry of angels, dem deutschen Leserkreis zugänglich gemacht wird. Noch immer herrscht allgemeine Unkenntnis hinsichtlich der verschiedenen psychischen Tatsachen, und der vorliegende Bericht, der sich auf viele Beobachtungen stützt, vermittelt grundlegendes Wissen um die geistige Bedeutung des Todes.

Öfter als man gemeinhin glaubt, findet man Personen, die durch ihre psychischen Erlebnisse beunruhigt sind und befürchten, krank zu werden; sie verstehen diese Dinge nicht, und erkundigen sie sich in ihrem Bekanntenkreise, so können sie die richtige Aufklärung in der Regel auch nicht erlangen.

Darum ist das Bestreben, belehrende Werke auf diesem Gebiet herauszugeben, sehr lobenswert, und ich wünsche diesem Band jeden Erfolg bei der Verwirklichung dieser Ziele.

Dr. Karl E. Müller

VORWORT DER VERFASSERIN

Dieses kleine Buch berichtet vom Dienst der Engel auf der Erde und vom Leben in den anderen Sphären jenseits dieser Welt, so wie es eine Frau erfuhr, die, begabt mit seltenen psychischen Kräften, unter dem Beistand von Engeln manches sehen durfte, was dem Großteil der Menschheit bis nach dem Tode verborgen bleibt. Und da Engel sie ermunterten, anderen hiervon Zeugin und Mittlerin zu sein, so mögen die Blätter hinausgehen in der bestimmten Hoffnung, manchen unter den Millionen Menschen, die ihre Toten beklagen, einen Trost zu bringen.

I

Zwölf Jahre war ich alt, als mir bewußt wurde, daß ich Dinge wahrnähme, die den meisten Leuten unsichtbar und ihrem Gehör unvernehmbar sind. Mit meinem zwei Jahre älteren Bruder lebte ich damals bei einer Tante in Nordirland, während unser Vater als Hauptmann in Indien stationiert war. Eines Nachts erwachte ich und stellte fest, daß das Zimmer hell erleuchtet war wie von einer Flut von Sonnenstrahlen und durchflutet von herrlichen Wohlgerüchen, wie sie duftende Blüten verbreiten, und dieser Duft hatte dazu noch eine beglückende Wirkung, wie sie sonst von keinem mir bekannten Parfüm ausgeht. Mit einem rauschenden Ton, wie von schwingenden Flügeln, standen plötzlich zwei strahlende Gestalten mitten im Zimmer. Langsam entschwanden sie, und das Zimmer wurde wieder dunkel. Ich glaubte meinen baldigen Tod angekündigt. Eine Stunde oder vielleicht länger ging ich klopfenden Herzens auf dem Flur umher und rang vergeblich, mich dem zu fügen, was ich für unabwendbar hielt. Als ich endlich, etwas ruhiger, mich wieder zu Bett legte, kam kein Schlaf, denn ich fürchtete, daß ich das Licht des kommenden Tages nicht mehr schauen werde. Diese Todesangst quälte mich drei bis vier Tage.

Eine wirklich liebe Freundin, eine zarte alte Dame aus Schottland, die jedermann liebte und der alle vertrauten, bemerkte mein verstörtes Aussehen und fragte mich, was mich bedrückte. Ich erzählte ihr von meiner Vision und meiner Befürchtung, daß sie meinen Tod ankündige. „Habe keine Angst, Liebling“, sagte sie. „Diese Vision wurde dir keineswegs als Todeswarnung. Du hast das, was man die psychische Gabe nennt, und du wirst vieles sehen, was andere nicht sehen können." Sie erzählte mir noch, daß auch sie manche Vision gehabt habe und ihr auch der Heiland erschienen sei. „Die sind gut betreut, die Gott führt", sagte sie, „und du hast nichts zu fürchten. Aber behalte diese Dinge für dich. Bewahre sie als einen heiligen Schatz in deinem Herzen, denn es gibt wenige, die dich verstehen würden."

Von da ab hatte ich das Gefühl, selten allein zu sein, und es wurde mir bewußt, daß da irgend etwas Lebendes bei mir war, gütig, liebend, immer bemüht, mich recht zu führen.

Ich begann, Melodien zu hören, die nicht irdisch waren, sondern aus erhabener Ferne kamen. Oft konnte ich auch Stimmen hören zu Tausenden, die, wie es mir schien, begleitet von den Tönen einer mächtigen himmlischen Orgel, Loblieder sangen; manchmal laut und klar, wie mit Händen zu greifen, und dann wieder nach und nach leiser, wie von ferne, bis es nur noch schwach zu hören war. Dann schwoll es wieder an, jubilierend, triumphierend. Diese, wie es mir schien, himmlische Musik zu allen möglichen Zeiten und allen möglichen Orten – bei Tag oder bei Nacht, ob ich allein oder in Gesellschaft war, in und außer dem Hause –, diese Musik hörte ich mit Unterbrechung von jeher. Mein Bruder und einige vertraute Bekannte, denen ich ohne Gefahr, mich lächerlich zu machen, davon erzählte, hörten diese Musik, auch wenn sie für meine Ohren am schönsten und lautesten war, nicht. Es ist besonders der Eindruck der beglükkenden Freude, der diese Musik von menschlichem Musizieren unterscheidet. Von aller irdischen Musik, die ich hörte, war keine auch nur annähernd so fröhlich. Wenn man sie hört, empfindet man, daß sie Ausdruck einer Stufe des Glücksgefühls ist, die hier nur selten erreicht werden kann. Immer aber ist diese Musik, wenn ich sie höre, verbunden mit beglückendem Duft, wie er damals den Raum erfüllte, in dem ich meine erste Vision hatte. Bis etwa zum 18. Lebensjahre hatte ich keine Vision mehr. Inzwischen war mein Leben, ausgenommen, daß ich die schöne Musik und die unsichtbaren Stimmen hörte, auch das Gefühl für den dauernd gegenwärtigen Schutz in meiner

Nähe hatte, das eines gesunden, hochgesinnten jungen Mädchens in guten Verhältnissen. Ich war sehr glücklich in diesen Tagen. Meine Freundinnen gaben mir den Spitznamen „Cheery“ (die Fröhliche).
Eines Nachts erwachte ich aus tiefem Schlaf. Der Raum, in dem es sonst kein Licht gab, war hell erleuchtet, und neben meinem Bett stand meine liebste Jugendfreundin Maggie. Sie redete mich mit meinem Namen an und sagte: „Ich muß dir ein Geheimnis mitteilen. Ich weiß, daß ich in nächster Zeit in die andere Welt hinübergehen werde, und ich bitte dich, mir bei dem Übergang zu helfen und meine Mutter aufzurichten, wenn ich gehe.“ Ehe ich mich von meinem ersten Schreck und Staunen erholt und eine Antwort hätte geben können, löste sich die Erscheinung auf, und das Licht nahm langsam wieder ab.
Ich erzählte der lieben schottischen Dame, was ich gesehen hatte. „Vertraue auf die Führung, die du haben wirst“, sagte sie, „wenn Maggie in deinem Arm sterben soll, ohne daß du es suchst, werden die Umstände ergeben, daß du bei ihrem Ende bei ihr bist.“
Eine Woche später wurde ich zu meiner Freundin nach Hause gerufen. Sie litt an einer fiebrigen Erkältung, aber Anzeichen einer besonderen Gefahr waren nicht zu bemerken. Sie hatte kein Gefühl eines bevorstehenden Todes, und es wurde mir klar, daß sie auch keinerlei Erinnerung hatte an ihren Besuch in Geistform bei mir. Da liegt ein Geheimnis, für das ich keine Erklärung weiß. Im Laufe meines Lebens habe ich manchmal Erscheinungen gehabt von Leuten, die noch auf dem irdischen Plane lebten. Ich habe zu einigen von ihnen gesprochen und einige von ihnen haben zu mir gesprochen, aber nachher stellte ich immer fest, daß sie selbst keinerlei Erinnerung oder Bewußtsein von diesen Vorgängen hatten.
Maggies Mutter war dringend zu ihrer schwerkranken Schwester gerufen worden und hatte mich gebeten, während ihrer Abwesenheit bei ihrer Tochter zu bleiben. Als ich drei bis vier Tage bei Maggie war, wurde sie plötzlich ernstlich krank, und sie starb in meinem Arm, bevor der herbeigerufene Arzt eingetroffen war. Das war der erste Todesfall, den ich erlebte. Gleich nachdem ihr Herz aufgehört hatte zu schlagen, sah ich deutlich etwas wie Rauch oder Dampf, der

aus einem kochenden Wasserkessel aufsteigt, aus ihrem Körper aufsteigen. Diese Ausscheidung stieg nur bis zu geringer Höhe auf und nahm da eine Form an, die der meiner eben verstorbenen Freundin entsprach. Diese Form, anfänglich schattenhaft, wurde dann deutlich und war bekleidet mit einem perlweißen, schleierartigen Gewand, das die Körperformen erkennen ließ. Das Gesicht war das meiner Freundin, aber mit einem Ausdruck von Seligkeit, in dem nichts hinwies auf das frühere Leiden und den Todeskampf.

Ich wurde dann Berufspflegerin, und diese Berufung übte ich zwanzig Jahre aus. Ich war Zeugin vieler Todesvorgänge, aber immer, sofort nachher, sah ich die Geistform, in Erscheinung ein ätherisches Doppel der menschlichen Form, Gestalt annehmend über dem Körper, in dem das Leben erlosch, und dann verschwindend.
Als ich zwanzig Jahre alt war, kam mein Vater von Indien heim und kaufte in Irland ein schönes Heim, wo er sich niederließ. Als Kind von drei Jahren hatte ich ihn verlassen in Indien, als meine Mutter gestorben war. Aber obgleich nun 17 Jahre darüber hinweggegangen waren, waren wir uns doch nicht fremd. Er war lange der Held meiner Mädchenträume gewesen, und in ihm fanden sie reichlich ihre Erfüllung. Ich liebte ihn von Herzen, und diese Liebe erwiderte er in vollem Maße. Wir waren immer zusammen und auch beste Freunde und Kameraden. Mein Bruder war ganz das, was man von einem Bruder erwarten kann. Zwei Jahre lang war mein Freudenbecher bis zum Rand gefüllt.
Mittlerweile nahm immer stärker das Gefühl zu etwas Unsichtbarem, Zartem, Liebevollem, das mich immer beschützte. So eng verbunden, so wirklich schien manchmal diese Beziehung, daß ich mir einbildete, ich fühle einen Hauch auf meinen Wangen und ich höre in meinen Ohren ein Wispern, so daß ich mich schnell umdrehen wollte in der sicheren Erwartung, jemand zu sehen. Dann kam aber eine Wandlung. Ein Gefühl beherrschte mich, daß meinem Vater etwas Schreckliches zustoßen werde. Diese Ahnung bevorstehenden Unglücks lag am schwersten auf mir, wenn ich mir am stärksten der Nähe meines

unsichtbaren Führers bewußt war. Damals hatte ich den Eindruck, daß jemand sich bemühte, mich auf eine unabwendbare harte Prüfung vorzubereiten. Aber mein Vater schien unverändert körperlich und geistig frisch, und es schien gar kein Anlaß vorzuliegen für eine ihn betreffende Befürchtung.

Etwa drei bis vier Wochen nach diesen traurigen Ankündigungen saß ich eines Nachts am Fenster meines Zimmers und genoß die wohltuende Oktoberluft und die erhabene Schönheit der Nacht, als ich plötzlich die Stimme meines Vaters hörte, der mich beim Namen rief und mich bat, zu ihm zu kommen. Dann verlor ich das Bewußtsein zu meiner Umgebung, und ich hatte eine Vision.
Ich sah meinen Vater im Garten liegend im Gesellschaftsanzug und anscheinend schlafend. Es war hellichter Tag. Von der Straße her näherten sich zwei Freunde dem Hause. Es waren Dr. . . ., unser Hausarzt, und sein Bruder. Sie trugen die an ihnen gewohnten Anzüge. Ich sah sie durch das Gartentor eintreten und dann, als sie meinen Vater erblickten, auf ihn zueilen. Der eine von ihnen hob seinen Kopf, und der andere, der Doktor, öffnete Kragen und Krawatte und schob seine Hand an seine Brust. „Er ist gegangen“, hörte ich den Doktor sagen, „er muß ohne jeden Schmerz hinübergegangen sein. Aber wer soll die Tochter benachrichtigen? Ich kann es nicht!“ Die Vision erlosch, und ich wurde mir wieder bewußt, daß ich immer noch am offenen Fenster saß. Ich zündete ein Licht an und ging zu dem Schlafzimmer meines Vaters, öffnete leise die Tür und lauschte. Ich hörte die regelmäßigen, tiefen Atemzüge eines tiefen Schlafes. Ich trat ein und ging vorsichtig an sein Bett. Dort kniete ich nieder und betete inbrünstig, daß mir mein Vater möge erhalten bleiben. Aber ich verließ das Zimmer mit dem gleich schweren Herzen, so bestimmt war meine Überzeugung, daß sich das, was ich in der Vision erlebte, bald ereignen werde. In jener Nacht ging ich nicht mehr zu Bett, denn die schreckliche Angst, welche über mich gekommen war, verhinderte jede Möglichkeit von Schlaf; aber am nächsten Morgen begrüßte ich meinen Vater lachend beim Frühstück, denn ich war fest entschlossen, ihn von meiner

Angst und Verzweiflung nichts merken zu lassen; er aber war so aufgeräumt, zärtlich und kameradschaftlich wie immer.

An diesem Nachmittag um zwei Uhr verließ er das Haus zu einem Spaziergang, von dem er gegen vier Uhr zurücksein wollte, um mit mir den Tee zu nehmen. Vor dem Fortgehen küßte er mich noch zärtlich, wie er es immer tat, wenn er mich auch bei kurzer Abwesenheit verließ; ich aber fühlte, daß ich nie wieder von diesen gütigen Lippen einen Kuß empfangen sollte und ging auf mein Zimmer, den Schlag erwartend, der mich treffen sollte.

Kurz nach halb drei Uhr kam ein Diener und fragte mich aufgeregt, ob ich wüßte, wo der Herr sei. Und etwas später kam der andere Diener und stellte mir dieselbe Frage. Dann kam der Stallknecht eines Freundes vom Militär und fragte mich, ob der Herr heimgekommen sei, hinzufügend, daß Captain ... ihn zu sehen wünsche.

Ich war überzeugt, daß sich die Vision erfüllt hatte, daß mein Vater tot sei und daß diese Männer es wußten, aber sich scheuten, es mir zu sagen. „Mein Vater ist nicht zurück", antwortete ich, „aber warum sehen Sie so verstört aus, Andrew? Haben Sie eine schlechte Nachricht für mich?" – „Nein, Miß", antwortete er mit niedergeschlagenen Augen und stürzte davon. Er war kaum fort, da kam Dr. ... herein. In dem Moment, als ich sein Gesicht sah, wußte ich, daß er eine Todesnachricht brachte, aber Bedenken hatte, sie mir mitzuteilen. Ich wollte ihm die Mitteilung leichter machen. „Sie kommen, um mir zu sagen, daß mein Vater einen Unfall gehabt hat, oder schlimmer noch, daß er tot ist", sagte ich. – „Es hat ihn schlimm getroffen", antwortete er, „und – und sie bringen ihn gerade herein." – „Warum sagen Sie mir nicht die Wahrheit, Doktor?" sagte ich, „ich weiß, daß mein Vater uns verlassen hat." – „Ich sollte es Ihnen nicht leugnen", antwortete er stotternd, „er ist tot." Gleich darauf brachte man den leblosen Körper meines Vaters herein.

Nach der Beerdigung fragte mich Dr. ..., woher ich so bestimmt gewußt hätte, daß mein Vater tot sei, ehe man mir doch die Mitteilung gemacht habe. Ich erzählte ihm von meiner Vision, und er bestätigte mir, daß alles sich so zugetragen habe, wie ich es gesehen hatte, daß auch sein Bruder und er genau das getan und gesagt hätten, wie ich es gesehen und gehört hatte. Erst nach seinem Tode erfuhr ich, daß er schon zwei Jahre vorher von seinem Leiden wußte und daß er ihm jeden Augenblick erliegen könne. Aber gleich wie der tapfere Soldat, der er war und mit demselben ruhigen Mut, der ihn durch alle Schrecken des indischen Aufstandes begleitete, nahm er auch sein Todesurteil entgegen und verbarg es vor seinen Kindern, damit ihr Glück nicht getrübt werde.

Nach dem Hinscheiden meines Vaters nahm schwarze Verzweiflung von meiner Seele Besitz. Mein Fühlen war wie versteinert. Selbst die Erleichterung durch Tränen fehlte mir. Ich verhärtete mein Herz gegen Gott. Ich sagte mir: ‚Ein Gott wäre nie so grausam gewesen, mir meinen Vater zu nehmen; also gibt es gar keinen Gott.' Ich ging nicht mehr zur Kirche und überließ mich den schwärzesten Gedanken. Sie hafteten um so mehr, als andere Sorgen dazu kamen. Nach meines Vaters Tod stellte man fest, daß der angebliche Freund, dem mein Vater sein Geld zur Verwaltung anvertraut hatte, es unterschlagen hatte und daß für uns Kinder nichts blieb. Mein Bruder, entschlossen, für uns beide eine Existenz aufzubauen, ging in eine britische Kolonie und kam dort um. Mein Lieblingsonkel starb. Es kam zu einem Nervenzusammenbruch und anschließender langer Krankheit. Überzeugt, daß das Leben mir nichts mehr zu bieten habe, was es lebenswert machen könne, wies ich alle Versuche, mir Trost und Hilfe zu bringen, zurück. Zwei Jahre nach meines Vaters Tod veranlaßte mich ein Onkel, bei dem ich lebte, ihn zu einer Bekannten zu begleiten, die die Leiterin eines großen Spitals war. Er hoffte, daß es mich veranlassen würde, den Pflegerinnenberuf zu ergreifen, denn nur wenn meine Gedanken eine andere Richtung nähmen, könnte ich wieder gesund werden. Die Oberin erlaubte mir, jeden Tag an den Wachen teilzunehmen. Ich begann da die Arbeit der Pflegerinnen zu beobachten, mit wieviel Hingabe, Geschick und Geduld sie denen dienten, welche ihrer Pflege anvertraut waren und wie oft es ihnen gelang, deren Leiden zu mildern. Ich kam auf den Kontrast, der zwischen meinem Leben, das für niemanden etwas leistete, und dem der Pflegerinnen bestand. Da kam in mir das Verlangen, auch so zu wirken; aber ich fühlte mich völlig untauglich, unwürdig dafür und unfähig, mich von den düsteren Gedanken zu befreien, die so vollständig Besitz von mir genommen hatten. Einige Wochen nach meinem ersten Besuch im Spital verließ ich es eines Tages mit dem Gefühl, daß ich ein solch unnützes, unglückliches Leben, wie meines geworden war, nicht länger ertragen könne, und ich nahm mir vor, auf irgendeine Weise herauszukommen. Ich wanderte Stunden ziellos umher, setzte mich hin und wieder und suchte nach Gründen, welche einen Selbstmord zulassen. Der Kampf zwischen Lebenswillen und Selbstmord ging auf und ab, zuletzt aber war ich der Überzeugung, daß es das beste sei für mich und die, welche durch Beziehungen an mich gebunden waren, mich zu töten. Es blieb mir nur noch die Art des Selbstmordes zu wählen. Während ich in meinen Gedanken die verschiedenen Möglichkeiten herumwälzte, hörte ich den Refrain einer bekannten alten Hymne. Ich merkte, daß ich an einer Kirche vorbeikam. Ich fühlte mich unwiderstehlich veranlaßt, hineinzugehen. Es war zum ersten Male seit meines Vaters Tod, daß ich ein Gotteshaus betrat. Die Hymne, welche man gerade sang, war das Lieblingslied meines Vaters gewesen. „Jesus, Geliebter meiner Seele." Oft hatte ich es mit ihm gesungen in den glücklichen Tagen unseres Zusammenseins, welche so weit hinter mir zu liegen schienen. Worte und Musik berührten eine Gefühlsquelle, die ich für längst erstorben glaubte. Ich sank auf den nächsten Sitz, und meine Hände verdeckten den Tränenstrom, der über meine Wangen rann.

Ich weiß nicht, wie lange es war, daß ich so blieb. Dann merkte ich, daß der Gottesdienst beendet und ich in der Kirche, in der wenige Gaslichter brannten, allein war. In meine Seele war etwas wie die Ruhe nach dem Sturm eingezogen. Als ich aufsah, starrte ich zum zweiten Male auf die weißgekleidete Gestalt des Heilands, umgeben von hellem Licht, das von seiner Person auszugehen schien. Ich starrte kurze Zeit gebannt auf das unbeschreiblich zarte Liebe ausstrahlende Gesicht. „Oh, hilf mir", rief ich, „denn ich habe Angst vor dem Leben und darf noch nicht sterben." Der Heiland streckte mir in liebevoller Aufforderung seine Hände entgegen, und in Tönen, wie sie keine menschliche Stimme geben kann an Zartheit und Mitgefühl, sprach er zu mir: „Belastet und verstrickt in Verzweiflung, ich will dich stärken und dir Arbeit geben für mich. Nun geh in Frieden." Die Vision löste sich vor meinen Augen auf. Eine große Last schien von meiner Seele genommen, und ich verließ die Kirche mit dem Entschluß, ein neues Leben zu beginnen im Dienste für andere. Ich weiß nicht mehr, wie ich nach Hause kam, aber spät in der Nacht kam ich zu mir und fand, daß die gute Oberin über mich gebeugt war, während ich ganz angezogen auf dem Bett lag. Sie war beunruhigt über meinen Zustand und rief meinen Onkel. Ich erzählte ihm, was ich gesehen hatte. „Gott sei Dank", rief er inbrünstig aus, „das wird der Wendepunkt in deinem Leben sein."

II

Dieses unglückliche Leben, das, wie es mir schien, so lange gedauert hatte, hatte in Wirklichkeit nur etwas mehr als zwei Jahre gedauert, schien nun ganz von mir abgefallen zu sein. Meine Gedanken, die sich bisher nur um meinen Kummer und mein Elend gedreht hatten, begannen in neue Kanäle zu fließen. Ausblicke auf ein anderes Leben – ein Leben, das einigen Wert für andere haben sollte – öffneten sich vor mir. Dieses Werk lag klar vor mir. Ich wurde als Novize im Spital aufgenommen. Mit Lust tat ich die Pflichten, welche mir zugewiesen wurden, und in dem Bestreben, Leiden der anderen zu mildern, fand ich den Weg zum Sich-selbst-Vergessen. Die Gegenwart meines Führers wurde bewußter und vollkommener meine Aufnahmefähigkeit für seine Führung. Oft spürte ich, daß mir Hilfe wurde bei Aufgaben, die über meine Körperkräfte gingen oder daß ich bewahrt wurde vor Fehlern in meinem Bemühen, armen Leidenden zu helfen. Es war, als wenn gelegentlich sich eine Hand auf die meine legte und sie energisch zurückzog. Andere Male schien eine Stimme in mein Ohr zu lispeln: „Tue das nicht, tue dies", und ich wußte sofort, was und wie ich es tun sollte. Es gibt da allerlei Phasen in der Spitalarbeit, von denen der gelegentliche Besucher, der den Kranken in peinlich sauberen Betten liegen sieht, nichts ahnt. Manches, was die Pflegerin zu sehen und zu tun bekommt, ist zu abstoßend für eine Beschreibung. Drei Monate, nachdem ich ins Spital eingetreten war, geschah es, daß ich in empfindliche Berührung mit der häßlichen Seite der Arbeit einer Spitalschwester gebracht wurde. Es war ein Fall, der die schrecklichen Folgen von Verkommenheit und Laster zeigte, der mich mit Ekel und Übelkeit erfüllte. Ich wandte mich von dem Patienten mit Ekel ab und sagte zu mir: ‚Ich will, ich kann nicht – mich selbst beschmutzen bei der Berührung mit diesem Mann.' Da fiel eine Lichtflut auf mich hernieder, und als ich aufsah, erblickte ich, über den Patienten sich neigend, die Gestalt des Heilands. Er wandte sein Haupt zu mir, und seine Hand über den durch Krankheit entstellten Sünder ausstreckend, sagte er: „Soviel du an diesen tust, tust du an mir. In jedem Geschöpf, das dir anvertraut wird, sieh mich, und die Arbeit wird leicht sein." Die Erscheinung, Vision oder Wirklichkeit, verschwand. Ich aber ging wieder zu dem Patienten. Vorbei war alle Übelkeit und Ekel, die ich kurz vorher noch empfunden hatte. Derartige Fälle gehörten zu meinen Aufgaben während des Spitaldienstes, aber jedesmal, wenn ich solche Opfer ihres sündigen Lebens zu betreuen hatte, hörte ich in mir wieder die Worte: „Soviel du an diesen tust, tust du an mir." Und dann war die Arbeit leicht. Die Pflichten der Schwestern sind oft hart und streng, aber während der Jahre, da ich mein Leben als Schwester fristete, stärkten mich die obigen Worte des Heilands.

Zu der Zeit, als ich den Mann zu pflegen hatte, der aus seinem Leben ein solch elendes, seelisches und körperliches Wrack gemacht hatte, wurde im Spital ein Junge aufgenommen, dessen Bein bei einem Unfall gebrochen war. Er gehörte nicht zu meiner Station, aber es zog mich stark zu ihm, denn er hatte wohl die zarteste Art, die ich je bei einem Kinde fand, und er trug seine entsetzlichen Schmerzen mit bewundernswerter Geduld. Eines Tages sagte er zu mir: „Ich werde froh sein, wenn die Zeit gekommen ist, daß ich von all diesen Leiden fort kann.

Mein Vater erwartet mich bei ihm." – „Wo ist dein Vater, Kind?" fragte ich ihn. – „Er ist mit den Engeln hinauf in den Himmel", antwortete er mit einem Lächeln auf seinem kleinen, blassen Gesicht. „Die Engel holten ihn, und ich freue mich auf den Augenblick, wo sie mich abholen werden, um mich zu ihm zu bringen, denn ich liebe ihn sehr." In der Nacht darauf stand ich an des Kindes Bett, als ich eine schattenhafte, dunkle Form am Fußende des Bettes bemerkte. Genau hinsehend, stellte ich fest, daß die Form der eines menschlichen Wesens entsprach, doch undeutlich sichtbar, wie man Personen durch dicken Nebel hindurch erkennt. Sie trug ein langes Kleid, und ihr Gesicht war verhüllt. Ich streckte meine Hand aus, um es zu berühren, konnte aber nichts fühlen, obgleich ich sah, daß es noch da war. Einen Augenblick später verschwand es. Ich empfand etwas wie Furcht und hatte den Eindruck, daß diese Erscheinung etwas Schreckliches bedeute. Bevor der Morgen graute, starb der Knabe, wie ich am nächsten Tage erfuhr. Später sah ich oft diese dunkle Gestalt am Fußende des Bettes bei Patienten, deren Zustand bedenklich war. Mit der Zeit erkannte ich, daß das immer den baldigen Tod des Patienten bedeutete. Seit jener ersten Erscheinung stellte ich bei jedem Patienten, gleich ob es im Spital oder Privatpflege war, fest, daß diese Gestalt erschien, wenn die Zeit für das Ableben gekommen war. Meist trat der Tod dann zwei oder drei Tage später ein. Nicht lange, nachdem ich zum ersten Male die dunkle Gestalt im Spital gesehen hatte, erschien mir in auffallendem Gegensatz zu der verhüllten eine andere. Es war eine helle, jugendliche Erscheinung, in ein wolkenartiges, strahlendes Gewand gehüllt. Zum ersten Male erschien mir diese Gestalt, als ich bei einem Patienten wachte, dessen Befinden bedenklich war. Sie stand am Kopfende, mit erhobenem rechtem Arm und nach oben weisendem Zeigefinger, also der Haltung und dem Ausdruck, die Hoffnung bedeuten, wenigstens war das der Eindruck, den ich davon hatte. Alle meine Befürchtungen für den Patienten waren verscheucht. Sein Zustand besserte sich dann sofort, und er war bald wiederhergestellt. Auch diese Erscheinung erlebte ich später oft, und sie hatte auch immer die gleiche Bedeutung. So wie ich die schwarze

Gestalt als den Verkünder des Todes ansah, so betrachtete ich den anderen als den Verkünder wiedergewonnenen Lebens. Ich will damit nicht gesagt haben, daß bei seinem Erscheinen der Patient unter allen Umständen und ohne irgendwelche menschliche Hilfe genese. Auf jeden Fall hatte für mich diese Erscheinung immer den Sinn einer Aufforderung: „Hoffe und wirke!" Auf mich wirkte sie auf jeden Fall, alle Anstrengungen zu machen, um die Heilung des Patienten zu fördern. Während meiner ganzen Tätigkeit als Pflegerin habe ich nie einen Fall erlebt, daß der Patient gestorben wäre, bei dem ich die strahlende Erscheinung gesehen hatte. – Das soll nicht zu der Annahme führen, daß in allen Fällen sich vor einer Heilung diese Erscheinung gezeigt hätte. Sie zeigte sich nur, wenn der Zustand des Patienten bedrohlich schien. Bei solchen, die mit ungefährlichen Leiden oder Unfällen in meine Pflege kamen – und diese leichteren Fälle sind glücklicherweise die Mehrzahl –, sah ich nie die Lichtgestalt. Aber bei jedem Todesfall, der sich bei meinen Patienten ereignete, erschien vorher die verhüllt dunkle Gestalt. Auch die besten Ärzte und besorgtesten Schwestern konnten keinen retten, bei dem ich den Todesengel gesehen hatte. Im Spital habe ich nie Ärzten oder Pflegerinnen erzählt, warum ich so sicher sagen konnte, der und der Patient werde gesunden und andere sterben, weil ich davon überzeugt war, sie würden doch nicht glauben, daß ich Dinge sehen könne, die sie nicht sahen. Aber ab und zu hieß es im Spital – wo man meine Vorhersagen von Heilung oder Tod nachprüfte – unter den Schwestern und einigen Ärzten, daß ich eine merkwürdige Gabe besäße, die mir erlaube, so etwas vorauszusagen. Oft baten mich Schwestern, die schwere Fälle hatten, zu sehen, welche Aussichten auf Heilung beständen. Manchmal erschien dann, wenn ich am Bett der Kranken stand, entweder die verhüllte dunkle Gestalt oder die strahlende, und ich äußerte mich dann entsprechend. Oft aber hatte ich keine Erscheinung, und dann wagte ich nicht, eine Meinung zu äußern.

Im Spital gewöhnte ich mich an den Tod. Da sah ich Leute sterben, die ihn als Erlöser begrüßten von allem Leid, Plage und Sorge, als den

Pförtner, der ihnen das Tor öffne, durch das, befreit von allen körperlichen Beschwerden, ihr Geist hinübergehen wird zu einer helleren, freieren Sphäre, wo sich die tiefsten Wünsche ihrer Seelen erfüllen. Andere sah ich sterben, die, als Folge körperlicher Abspannung und geistiger Ermüdung, unfähig schienen zu jeder Art von Hoffnung oder Furcht und die dem Tode zugingen vollständig gleichgültig für das, was nachher kommen könnte.

Ich erlebte einige Todesfälle, die ruhig und friedvoll vor sich gingen, so schön anzusehen, wie wenn ein kleines Kind einschläft. Andere sah ich im leiblichen Todeskampf bis zum letzten Atemzug, und das war schrecklich anzusehen. Noch viel schrecklicher war aber der Tod jener, die, wenn sie merkten, daß ihr Ende nahe war, furchtbefallen waren in der Angst, was ihnen nachher zustoßen würde und sich kämpfend an das Leben anklammerten und beteten und bettelten, daß ihnen erlaubt sein möge, weiterzuleben. Glücklicherweise waren solche Sorgen selten. Die meisten, die ich sterben sah, gingen hinüber in einem Zustand von Betäubung, offenbar unfähig für irgendein Gefühl oder eine Gefühlsäußerung. Aber ich stellte fest, daß oft, unabhängig von dem körperlichen oder Gemütszustand des Sterbenden, kurz vor dem Ende, diese jemand sehen würden, der nicht zu den Umstehenden gehörte und auch von diesen nicht gesehen wurde. Ich sah einmal eine Frau, die stundenlang im Coma, Schlafsucht, gewesen war und dann plötzlich ihre Augen öffnete mit dem Ausdruck freudiger Überraschung, die Hände ausstreckte, als wenn sie Hände erfassen wollte, die sich ihr entgegenstreckten und dann wie mit einem Seufzer der Befreiung verschied. So sah ich auch einen Mann, der sich in Agonie herumwälzte, plötzlich ruhig werden und seine Augen mit einem Ausdruck freudigen Wiedererkennens da, wo für die Umstehenden nichts war, und mit Tönen freudigen Begrüßens seinen letzten Atemzug aushauchte. Da kommt auch der Tod einer Frau in mein Gedächtnis zurück, die das Opfer einer der bösartigsten Krankheiten, des Krebses war. Sie litt entsetzlich, und sie betete inständig, daß der Tod bald kommen und ihren Todeskampf beenden möge. Ihre Leiden schienen plötzlich aufzuhören; ihr kurz vorher noch von

Schmerz verzerrter Gesichtsausdruck wechselte plötzlich und zeigte verklärte Freude. Aufwärtsschauend mit fröhlichen Augen hob sie ihre Hände und rief: „Oh, liebe Mutter, bist du gekommen, mich heimzuholen! Wie glücklich bin ich!“ Im nächsten Augenblick schon war ihr Leben zu Ende. Da kommt mir auch noch ein anderer Tod aus derselben Zeit in Erinnerung. Da war ein alter Söldner, der im letzten Stadium der Tuberkulose war, die er sich bei Kämpfen seiner Abteilung zugezogen hatte. Er war tapfer und geduldig, aber er hatte häufig unerträgliche Anfälle von Schmerzen, und er wünschte den Tod herbei, der ihm allein Erlösung von den Schmerzen bringen konnte. In einem dieser Anfälle waren seine Züge verkrampft im Kampf mit der Atemnot, als er plötzlich ganz ruhig wurde. Ein kleines Lächeln kam in sein Gesicht, und aufwärts schauend rief er mit einem frohen Ton in der Stimme: „Marion, meine Tochter.“ Dann kam das Ende. Bruder und Schwester standen am Bett, und die Schwester sagte zum Bruder: „Er sah Marion, seine Lieblingstochter. Sie kam und holte ihn dahin, wo es keinen Schmerz mehr gibt.“ Und sie fügte noch mit Inbrunst hinzu: „Gott sei Dank! Er hat nun doch Ruhe gefunden.“ Daran, daß in solchen Augenblicken die Sterbenden Geistgestalten sehen — solche, die kommen von der anderen Welt, um sie bei ihrer Geburt in die andere Welt zu begrüßen —, daran habe ich nie gezweifelt, und es kam die Zeit, von der ich später reden will, wo mir erklärt wurde, daß sie wirklich das sehen, was sie angeben. Das ist nicht, wie manche annehmen, eine Schöpfung ihrer Phantasie, auf welche sie so glücklich starren, sondern ein dienender Geist — ein Engel — und zwar mit mehr ausgestattet an Leben und Vitalität als die, welche den Wechsel noch nicht durchgemacht haben, der bei dem Tode einsetzt. Aber gleich, ob die Todesfälle, welche ich beobachtete, friedvoll oder qualvoll verliefen, ob der Sterbende jemanden aus der anderen Welt bemerkte, immer sah ich sofort nach dem Tode, wie sich über dem toten Körper die Geistform bildete, wie eine verherrlichte Gestalt der körperlichen Erscheinung. Wie qualvoll auch die letzten Stunden gewesen sein mögen, wie lange sich auch die Krankheit in die Länge gezogen, wie verheerend sie gewesen sein mag, keine Spur von Krankheit oder Leiden war in dem strahlenden Angesicht des Geistes zu sehen. Geradezu auffallend war manchmal der Unterschied, den dieser Anblick bot, gegenüber den menschlichen Zügen, schmerzverzerrt und durchfurcht vom Leiden. Oft hätte ich den dabeistehenden Trauernden gern etwas gesagt von dem, was ich gesehen hatte, aber ich tat es selten, weil ich das Gefühl hatte, daß sie es nicht glauben würden, weil sie nicht an die Möglichkeit glaubten, daß ich etwas sehen könne, das sie selbst nicht sähen. Bei solchen Gelegenheiten hatte ich den heißen Wunsch, daß auch sie die verherrlichte Gestalt wahrgenommen und mit dem Eindruck von dieser, für immer in ihrer Erinnerung, das Sterbezimmer dessen, den sie betrauerten, verlassen hätten. Ein kurzer Blick auf die strahlende Erscheinung würde dem Tod viel von seinem Stachel genommen haben. Ab und zu, des bin ich sicher, habe ich mit meinem Hinweis Trauer vermindern können.

Etwa sechs Monate nach meinem Eintritt in den Spitaldienst offenbarte sich mir, daß Sterbende wirklich die sahen, welche vom Geisterreich gekommen waren, um sie zu begrüßen bei ihrem Übertritt in eine andere Daseinsform. Das erstemal bekam ich diesen sichtbaren Beweis bei dem Tode von L., einem süßen Mädchen von 17 Jahren und Freundin von mir. Sie war das Opfer von Auszehrung. Schmerzen hatte sie nicht, aber die innere Ermüdung, die von der großen Schwäche und Hinfälligkeit kam, belastete sie sehr, und sie sehnte sich nach dem Ende. Kurz vor ihrem Ende bemerkte ich zwei Gestalten, die zu beiden Seiten des Bettes standen. Ich hatte sie nicht kommen sehen, sie standen am Bett, als ich sie bemerkte, und ich sah sie so deutlich, wie ich alle Anwesenden in dem Raum sah. In meiner Vorstellung nannte ich diese Wesen aus einer anderen Welt immer Engel, und als von solchen will ich weiterhin sprechen. Ich erkannte in den beiden zwei intime Freundinnen des Mädchens, die gleichaltrig mit ihr ein Jahr vorher gestorben waren. Gerade bevor die beiden erschienen, hatte das sterbende Mädchen gesagt: „Es ist so dunkel geworden, ich kann gar nichts mehr sehen." Aber diese erkannte sie sofort. Ein liebliches Lächeln glitt über ihr Gesicht. Sie streckte die

Hände aus und rief in freudigen Tönen: „Oh, ihr seid gekommen, mich abzuholen! Ich freue mich, denn ich bin so müde.“ Als sie ihre Hände ausstreckte, ergriff jeder der beiden Engel deren eine. Ihre Gesichter waren leuchtend, und wie auch das Gesicht der Sterbenden strahlend lächelte, die ja nun die Ruhe finden sollte, nach der sie so verlangte. Sie sagte nichts mehr, aber für etwa eine Minute hielt sie die Hände ausgestreckt, die von den Händen der Engel gehalten wurden, und sie sah sie weiter an mit strahlenden Augen und dem Lächeln auf ihrem Gesicht. Vater, Mutter und Bruder, die ersucht worden waren, zugegen zu sein, wenn das Ende käme, begannen bitterlich zu weinen, als sie merkten, daß sie sie verlassen werde. Von meinem Herzen aber stieg eine Bitte empor, daß sie sehen könnten, was ich sah, aber sie konnten nicht. Die Engel schienen die Hände der Sterbenden loszulassen, die dann auf das Bett zurückfielen. Ein Seufzer, wie von jemand, der sich glücklich dem Schlaf hingibt, kam von ihren Lippen, und dann war sie, wie die Welt sagt, tot. Aber das milde Lächeln, das auf ihr Gesicht gekommen war bei dem Erkennen der Engel, blieb noch. Die Engel blieben am Bett während des kurzen Augenblickes, bis die Geistform über dem toten Körper sich gebildet hatte. Sie erhoben sich dann und blieben einige Augenblicke neben ihr, die ihnen nun gleich war. Dann verließen drei Engel den Raum, wo vorher nur zwei gewesen waren. Als die weinenden Angehörigen den Raum verlassen hatten, öffnete ich das Fenster weit und blickte in die Nacht, neugierig, wohin wohl die Engel gegangen seien und sehnsüchtig, auch dahin gehen zu können. Da hörte ich eine Stimme, wohlklingend aber bestimmt. Und diese Worte, die ich so deutlich vernahm wie nur irgendeine menschliche Stimme, waren: „Noch nicht, deine Aufgabe auf der Erde ist noch nicht beendigt.“
Oft, ja oft in den kommenden Jahren sah ich Engel weggehen mit Neugeborenen, welche sie betreuten, und immer wieder kam bei mir das Verlangen, mitgehen zu dürfen. Und manches Mal noch hörte ich die gleiche Stimme: „Noch nicht, dein Werk auf Erden ist noch nicht vollendet.“
Ich konnte wenig tun, um den Kummer von Vater, Mutter und dem

Bruder des Mädels zu mildern, deren Tod mir die Gewißheit gebracht hatte, daß sie zu den Engeln eingegangen und in einen glücklicheren Zustand gekommen war, als man ihn auf Erden findet. Ich wagte nicht, ihnen zu erzählen, was ich gesehen hatte. Sie hätten nie geglaubt, daß ich etwas sehen könnte, was sie nicht auch sähen. Der letzte wäre der Vater gewesen, so etwas zu glauben. Er war ein guter Mann, aber Atheist, und er war fest überzeugt, daß das Lächeln, das in ihr Gesicht kam, als sie die Engel erkannte, die ihren Geist abholten, nur Störungen der Einbildung waren, denn so bezeichnete er es mir gegenüber. Ich versuchte gar nicht, ihm klarzumachen, daß er im Irrtum sei, weil ich wußte, daß es zwecklos gewesen wäre. Aber er tat mir wirklich leid, da er jeden Hoffnungsstrahl abwies, die inniggeliebte Tochter in einem anderen Leben wiederzusehen, die tiefe Finsternis seines Kummers zu durchbrechen. Mutter und Bruder hatten diese Hoffnung, und deshalb hatte ihr Kummer auch nicht die Bitternis.

Glücklicherweise gibt es noch Menschen, die, obwohl sie selbst die Engel nicht sehen können, welche von den Sterbenden so freudvoll erkannt werden, doch glauben, daß es diese dienenden Engel gibt, die kommen, um die zu empfangen, welche durch das Tor des Todes in das ewige Leben eintreten. Einen Monat nach dem Tod des Mädchens, von dem ich im vorigen Abschnitt erzählte, starb in demselben Spital ein Freund von mir. Es war Pneumonie, welche ihn hinwegraffte. Er war ein guter und gottergebener Mann, für den der Tod keine Schrecken hatte. Er war sicher, daß er nach dem Übergang in ein erhabeneres, glücklicheres Leben eintreten werde, als man es hier auf Erden haben kann. Sein einziger Kummer war, daß er sein inniggeliebtes Weib allein zurücklassen müsse, aber dieser Kummer war gemildert durch die Gewißheit, daß er nur vorausgehe und daß sie sich eines Tages in einer besseren Welt wiedervereinigen würden. Sie saß an seinem Bett, im gleichen Glauben mit ihm ergeben das Ende erwartend. Etwa eine Stunde vor seinem Tode rief er sie beim Namen und aufwärts zeigend sagte er: „Schau, L., da ist B.! Er erwartet mich. Und nun lacht er und hält mir seine Hände entgegen. Kannst du ihn sehen?" – „Nein, mein Lieber, ich kann ihn nicht sehen", antwortete sie, „aber ich weiß, daß er da ist, da du ihn siehst." B. war ihr einziges Kind, das ein Jahr zuvor ihnen genommen worden war, damals etwa fünf bis sechs Jahre alt. Ich konnte den kleinen Engel sehr gut sehen mit seinen blonden Locken und den blauen Augen und bekleidet mit dem, was ich Geistkleid nenne. Das Gesicht war das eines herzigen Kindes, aber vergeistigt und von einem Glanz, wie ihn irdische Gesichter nicht haben. Der Vater war sehr ausgepumpt durch die Verheerungen der Krankheit, und die Freude, welche der Anblick seines Kindes bei ihm auslöste, schien den Rest der Lebenskraft zu erschöpfen, die ihm noch geblieben war. Er schloß die Augen und versank in einen tiefen Schlaf. So blieb er noch etwa eine Stunde, während der das Engelskind über dem Bett stand mit erwartungsvollem Blick in seinem strahlenden Gesicht. Ab und zu sah er liebevoll zu seiner Mutter hinüber. Das Atmen des Sterbenden wurde immer schwächer, bis es ganz aufhörte. Dann sah ich wieder einmal, was mir ja ein üblicher Anblick geworden war, nämlich die Entstehung des geistigen Körpers über dem aufgegebenen Körper. Als die Erscheinung vollständig war, ergriff das Engelkind die Hand des Engelvaters, sie sahen sich beide mit großer Zärtlichkeit an und mit einem Ausdruck von Freude und Glückseligkeit gingen sie hinweg. Es war wirklich ein herrlicher Anblick. So erschien der Tod, den ziemlich alle als etwas Furchteinflößendes, in Dunkel gehülltes Mysterium ansehen, glückvoll und wohltuend, als der Kronbeweis der unendlichen, barmherzigen und unergründlichen Liebe des himmlischen Vaters. Wäre nicht die weinende Witwe dagewesen, hätte ich in die Hände geklatscht und vor Freude gesungen. Aber ihr Kummer war nicht von der dunklen und bitteren Art, wie er mich belastet hatte, als mein Vater starb und ich jeden Trost zurückwies. „Ich bin sehr glücklich, daß mein lieber Mann B. sah, bevor er starb", sagte sie an jenem Abend zu mir. „Es war selbstverständlich, daß B. kommen würde, um ihn abzuholen, denn sie liebten einander sehr. Und wenn ich einmal abberufen werde, dann bin ich sicher, daß beide zu mir kommen werden. Ich kann nun an sie denken als immer zusammen und glücklich."

Nachdem ich das Spital verlassen hatte und mich als Privatpflegerin betätigte, starb von den Patienten, welche ich pflegte, nicht einer, bei dem ich nicht ein oder zwei Engel an seinem Bett darauf warten sah, die unsterbliche Seele zu ihrem neuen Lebensplan zu geleiten, nachdem sie den sterblichen Leib mit dem geistigen Leib ausgewechselt hatte. Die Engel, welche ich bei dieser Gelegenheit sah, unterschieden sich in Form und Ausdruck genauso wie Menschen, die einen mit jugendlichem Ausdruck, andere als hochbetagt. Aber was immer die Gesichter der Engel unterschied nach Alter oder Rasse, erglühten sie doch alle von etwas, das so fraglos Liebe, Zartheit und Güte verkündete, daß sie alle schön anzusehen waren. Und ob nun die Erscheinung einen langen Bart und weißes Haar zeigte, gaben sie keinen Eindruck von körperlichem Verfall und Gebrechlichkeit, wie sie meist mit sehr hohem Alter auf der Erde verbunden sind. Gleich, ob die Gesichter dieser Strahlenden erkennen ließen, ob sie jung, als Erwachsene oder Greise diese Erde verlassen hatten, machten sie doch den Eindruck einer Kraft und Lebendigkeit, wie sie nirgendein auf der Erde Lebender besitzt. Kurz, mir scheint, daß die, welche wir als Verstorbene bezeichnen, weit mehr Lebendigkeit besitzen als die, welche hier noch der Natur Rechnung tragen müssen. Immer oder fast immer, wenn wartende Engel von den Sterbenden gesehen wurden oder auch nachher bei ihrem Spirit sie dieselben als solche erkannten, die man glücklich ist zu treffen auf Erden. Das weist meiner Meinung nach darauf hin, daß sie selbst vor dem Übergang Verwandte oder Freunde derer waren, die sie erkennen. Das war unabweisbar so, wenn der Sterbende, wie in einigen der Fälle, die ich beschrieb, sie bei Namen nennt. Und so, wie wenn wir das Schiff nehmen, um in ein uns unbekanntes Land zu reisen, wir glücklich sind, wenn wir dort Bekannte haben, die kommen, uns bei der Landung zu grüßen und zu unserer neuen Wohnung zu führen, so natürlich ist es auch, daß der erste, dem wir begegnen bei der Überschreitung der Schwelle zu einer anderen Welt, jemand von denen sein sollte, der uns lieb war und vorher hinübergegangen ist.

☆

Es sind nicht nur die Ärzte und das Pflegepersonal, welche den Kranken und den Leidenden dienen. Engel dienen ihnen auch. Das durfte ich erfahren, als ich im Spital tätig war. Eines Nachts schrieb ich bei verdunkelter Lampe am Tisch mitten in dem Raum, wo ich Nachtwache hatte. (Die wenigen anderen brennenden Lampen waren niedergeschraubt.) Als ich aufsah, sah ich eine Gestalt, die sich an einem Ende des spärlich erleuchteten Raumes bewegte. Ich dachte, ein Patient sei aufgestanden, aber als ich näherkam, bemerkte ich, daß es ein Engel war. Die Erscheinung war groß und schlank, und die Gesichtszüge entsprachen denen einer Frau mittleren Alters. Ich war zu der Zeit schon zu vertraut mit plötzlichem Erscheinen solcher strahlender Besucher aus der anderen Welt, um beunruhigt oder erschrocken zu sein. So stand ich und beobachtete sie. Sie ging zu drei oder vier Betten, blieb bei jedem einen Augenblick stehen und legte die rechte Hand auf den Kopf des Patienten. Seither verging während meines Aufenthaltes im Spital selten ein Tag, daß ich nicht diesen Engel gesehen hätte, der den Kranken diente. Meist, wenn ich Nachtwache hatte, aber in den dunklen Stunden, und besonders denen vor der Dämmerung, wenn die Lebenskräfte der Kranken am tiefsten sinken und sie notwendig etwas brauchen, um die Vitalität anzuregen und den Schmerz zu mildern. Offenbar verfügte dieser Engel über besondere Kräfte, mit denen er gelegentlich den Patienten wirksam half. Und da ich das oft feststellte, nannte ich ihn bei mir den Heilengel. Oft haben Patienten nach einer solchen Behandlung am Morgen zu mir gesagt: „Oh, Schwester, ich fühle mich heute so viel besser; ich hatte einen erfrischenden Schlaf.“ Gelegentlich sagten sie auch von schönen Träumen, in denen sie bezaubernde Musik gehört hätten. Manchmal war ich neugierig, ob es wohl auch Strophen der Himmlischen gewesen, wie ich sie oft hörte. Niemand aber scheint wie ich den Engel gesehen zu haben, der ihnen die Wendung gebracht hatte, für die sie so dankbar waren. Aber nicht nur wenn die Patienten schliefen, wirkten diese Heilkräfte auf sie. Mehr als einmal sah ich den Engel die Stirn von Patienten berühren, die vor heftigen Schmerzen stöhnten und seufzten, wenig später dann, von Schmerzen befreit, in einen ruhigen Schlaf sanken, aus dem sie gestärkt erwachten. Häufig habe ich nach dem Besuch des Heilengels festgestellt, daß der Puls meiner Patienten regelmäßiger und die Temperatur ziemlich normal war. Oftmals half mir der Heilengel bei der Pflege eines Patienten und führte meine Hand; andere Male half er mir, wo es unmöglich schien, schwere und hilflose Opfer von Krankheit oder Unfall zu heben. Der Heilengel war nicht der einzige, den ich bei Patienten im Spital sah. Gelegentlich kamen und gingen auch andere, mehr wie menschliche Besucher, nur war ihr Erscheinen plötzlich wie auch ihr Weggehen. Aber nur vom Heilengel habe ich häufiger erfahren, daß er Heilung brachte. Der Fall einer jungen Frau, die von einem schweren Wagen überfahren und innerlich schwer verletzt worden war, gab mir den überzeugendsten Beweis für die wirksame Hilfe des Heilengels. Der Arzt vom Dienst hatte nach gründlicher Untersuchung den Fall hoffnungslos erklärt. Die Frau war erst kurz in der Abteilung; ich stand an ihrem Bett und überlegte, was ich tun könne, um ihre furchtbaren Schmerzen zu lindern, und dachte an die beiden kleinen Kinder, welche so bald schon der Liebe und Sorge verlustig gehen würden, als der strahlende Engel am Kopfende des Bettes erschien und aufwärts zeigte. Nur kurz stand er da, aber meine Hoffnungslosigkeit wich einer Hoffnung, wo es mir doch schien, daß kein Wunder diesen traurig zugerichteten Körper am Leben erhalten könne. Eine Stunde später war ich dabei, ihr eine kühle Kompresse auf den Kopf zu legen, als ich den Heilengel auf der anderen Seite des Bettes bemerkte. Er streckte seine Hand aus und legte sie auf meine, die die Kompresse auf der Stirn der Leidenden hielt. Die Berührung war so sanft und so zart, daß ich sagen möchte, „ich empfand" es mehr als daß ich es fühlte. Als er seine Hand zurückzog, hob er seinen Kopf und schaute mir in die Augen. Das war nicht ein nach den üblichen Begriffen schönes Gesicht, aber von einer Herzlichkeit und Zartheit, die weit anziehender sind als nur Schönheit. „Sei guter Zuversicht", sagte er, „sie wird gesunden." Das war das erste Mal, daß der Heilengel zu mir gesprochen hatte, aber später sprach er öfter zu mir solch hoffnungsvolle Worte. Er kam noch mehrmals diese Nacht

und legte jedesmal seine Hand auf die Stirn der Patientin, aber bis zum Ende meines Dienstes, morgens neun Uhr, hatte sich keine bemerkbare Änderung in ihrem Zustand gezeigt. Die folgende Nacht behandelte der Heilengel sie wieder verschiedene Male, worauf sie einen erfrischenden Schlaf hatte; aber als der Arzt sie am Morgen sah, war er immer noch fest davon überzeugt, daß der Fall hoffnungslos sei. Während er mit mir sprach, erschien der Heilengel und stand ganz nahe bei uns, ebenso klar zu sehen wie der Arzt selbst, der, wie ich wußte, ihn nicht sehen konnte. Als er wieder seine Ansicht ausdrückte, daß die Frau nicht durchkommen könne, sah mich der Engel mit einem zarten Lächeln voller Zuversicht an. Dadurch kühn gemacht, sagte ich zu dem Arzt: „Soweit wir sehen können, scheint der Fall hoffnungslos, aber dennoch glaube ich, daß sie davonkommt."
„Unsinn, Schwester", antwortete er, „unmöglich, daß jemand durchkommt, der so schwere Verletzungen erhielt. Aber", sagte er, „wir werden natürlich alles für sie tun, was uns möglich ist." In der folgenden Nacht trat dann eine merkliche Besserung in ihrem Zustand ein, und die Temperatur, welche bis dahin sehr hoch war, sank. „Es scheint wirklich etwas besser zu gehen", sagte am folgenden Morgen der Arzt, „es kann aber auch nur eine vorübergehende Besserung sein." Nacht für Nacht setzte der Engel seinen Dienst bei ihr fort, und einige Wochen später fand man im Spital, sie könne nach Hause entlassen werden. Sie war nicht so stark und kräftig wie früher, aber sie war imstande, ihren Haushalt zu führen und den Kindern die nötige Liebe und Pflege zukommen zu lassen. Im Spital betrachtete man diesen Fall als eine Wunderheilung. „Ich hätte nie geglaubt, daß ich sie noch einmal auf Füßen sehen würde", sagte der Arzt, der wiederholt den Fall als hoffnungslos bezeichnet hatte, „ich sehe ihre Wiederherstellung als reines Wunder an."
Solange ich zum Spitalpersonal gehörte, mußte ich turnusmäßig Arbeit außerhalb des Spitals leisten. Sie bestand darin, daß wir in dringenden Fällen die zu Hause pflegten, welche zu arm waren, um solchen Dienst bezahlen zu können. Wenn zu der kummervollen Last der Armut noch die schmerzliche Krankheit kommt, dann ist das

tiefste menschliche Elend erreicht. Es macht mich heute noch schaudern, wenn ich zurückblicke auf die mannigfachen Szenen, die ich als Pflegerin unter den Bewohnern des Slums erlebte. So sah ich einen Mann in einer Ecke des Raumes im Sterben, während in einer anderen Ecke auf einem ebenso verkommenen Behelf von Bett eine Frau einem Kinde das Leben gab. Und das war in einem christlichen Land!

N. war im Überfluß aufgewachsen, hatte Universitätsbildung und verkehrte in guter Gesellschaft. Aber sein Vater verlor kurz vor dem Tode in einem Finanzkrach sein ganzes Vermögen, und statt daß er seinen Sohn für das Leben versorgt zurückließ, wie er gewollt, ließ er ihn ohne einen Penny zurück und schlecht gewappnet für den Lebenskampf.

N. war zu dieser Zeit mit der Tochter einer sehr guten Familie verlobt. Er löste das Verhältnis, weil er sie zu sehr liebte, um ihr zuzumuten, sein Los mit ihr zu teilen. Zu stolz, um das anzunehmen, was er als Almosen betrachtete, schloß er sich ab von denen, welche ihn in guten Tagen gekannt hatten, und ging männlich daran, sein Leben zu verdienen. In seinen beschränkten Verhältnissen konnte er nicht weit nach einer Stelle suchen, und so ging er als Angestellter in ein kleines Weißwarengeschäft. Er teilte seiner Braut seine Adresse nicht mit, weil er fand, es sei auf die Dauer das beste, wenn sie annehme, daß er ihr gegenüber gleichgültig geworden sei. So wollte er ihr helfen, ihn zu vergessen. Aber zufällig entdeckte sie ihn in dem Laden, wo er angestellt war, und sie, eine edle Seele, machte ihm klar, daß sie viel glücklicher sein werde, wenn sie seine Armut teile, als wenn sie ohne ihn in guten Verhältnissen lebe. Sie heirateten und mieteten zwei kleine Räume in einem Mietshaus. Unglücklicherweise war sie körperlich nicht sehr stark. Sein kleines Gehalt genügte kaum, um den nötigsten Lebensbedarf zu beschaffen. Sie wurde krank, und man mußte den Arzt rufen. Neben den anderen Dingen, welche der Arzt verschrieb, ordnete er für seine Patientin eine kräftigere Nahrung an, als N. sie aus seinen kleinen Mitteln beschaffen konnte. Seine Arbeitszeit war schon lang, aber er versuchte, mit Nebenbeschäftigung etwas zuzuverdienen. Aber auch so reichte es nicht, um das zu besorgen, was der Zustand seiner Frau dringend erforderte. Es ging schlechter mit ihr. In seiner Verzweiflung fälschte er einen Scheck in einem kleinen Betrage. Auch dieses Geld war bald aufgebraucht. Er brachte es nicht fertig, noch einen weiteren Scheck zu fälschen, weil ihn der Gedanke quälte, daß er schon durch das Verbrechen, das er begangen hatte, eine Barriere zwischen seinem Weibe und ihm errichtet hätte und daß er dadurch, obgleich er es aus Liebe für sie getan, doch ihrer Liebe unwürdig geworden sei. Das Herannahen der Zeit, wo man die Ankunft eines kleinen Neulings erwartete, machte die Aussichten noch trostloser. In diesem kritischen Zeitpunkt benachrichtigte der Arzt das Spital, und ich wurde in das Unglückshaus geschickt, um die arme Frau zu pflegen. Nach und nach erfuhr ich die traurige Geschichte (von der ich oben berichtete). Ich habe viel gesehen an Sorge, Beschwerden und Elend, aber ich glaube, nie ist mir etwas so zu Herzen gegangen wie das Los des armen N. und seiner Frau. Er hatte den bitteren Gedanken, durch seine Unfähigkeit sei sein Weib so weit heruntergekommen in ihrer Gesundheit. Dabei plagte ihn dann auch noch die Reue über seinen Fehltritt, verschärft durch den Umstand, daß das Vergehen unentdeckt und ohne Vergeltung blieb. Aber trotzdem bemühte er sich, sehr liebenswürdig zu sein um seines Weibes willen. Er sagte es mir nicht, aber ich wußte, daß er oft hungrig fortging, damit er für sie eine kleine Delikatesse kaufen konnte. Sie selbst bemühte sich, immer herzlich zu ihrem Manne zu sein und trug ihr Leiden ohne Klage. Mit rührendem Lächeln sagte sie ihm, wenn er fragte, wie sie sich fühle: „Ich bin sicher, daß es mir morgen wieder besser geht." Aber ihre geringe Kraft schwand mehr und mehr dahin, und eines Nachts sah ich am Fußende ihres Bettes die schwarze Gestalt mit verhülltem Gesicht. Da wußte ich, daß ihr Ende nahe bevorstand. Aber das Bewußtsein, daß die herrliche Neugeburt und das Ende aller ihrer Schmerzen, Schwäche und Krankheit bevorstand, ließ mich den Tod für sie mit Erleichterung erwarten. Was mich beängstigte war der Gedanke an den Schlag, der ihres Mannes Herz treffen würde. Das Kind wurde totgeboren, und die Mutter folgte ihm bald nach in eine bessere Welt. Dann erlebte ich das, was schmerzlicher zu sein scheint als stärkstes körperliches Leiden – den Zusammenbruch einer Seele. Seine Seele lag vollständig frei vor mir. N. klagte sich selbst an, Schuld zu sein am Tode seiner Frau. Weil er zu feige gewesen sei, den Kampf gegen die Armut allein zu bestehen, habe er ihr Angebot angenommen, sie mit ihm zu teilen, und damit habe er ihren Tod verschuldet. Er habe Fälschung begangen und habe gezeigt, daß er einer der verächtlichsten Lumpen sei. Dann kam ihm das Bewußtsein seiner verzweifelten Lage. Wie sollte er das weitere Leben ertragen, das ihrer großen Liebe beraubt war? Das könne er nicht, er wolle dem Leben, das ja doch nur Elend für ihn bedeutete, ein Ende machen. Aus eigener Erfahrung konnte ich nachfühlen, und ich wußte auch, wie nutzlos es sein würde, wollte ich ihm mit den üblichen Tröstungsversuchen der Religion kommen. Sage ihm, daß sein Weib zu einem fernen Himmel aufstieg, wo sie friedvoll und glücklich sei! Wo sie sich vielleicht eines Tages wiedersehen würden und wiedererkennen. Wo sie dann vielleicht feststellen würden, daß die Bande der Liebe, welche sie auf Erden verbunden hatte, noch beständen! Ich wußte, was so besonders sein Herz verzweifeln ließ, es war der Gedanke daran, daß er nun vielleicht noch ein langes Leben hinbringen müsse ohne ihre Liebe, Kameradschaft und Anteilnahme, daß keine Botschaft von ihr durch die Barriere dringen könne, um sein hungerndes Herz zu erreichen. Religion war für ihn mehr das, was ihn an Pflicht, Edelsinn und Selbstlosigkeit mahnte, aber daß sie keinen Grund liefere für eine Hoffnung auf das, wonach sein Herz, wie unter gleichen Umständen jedes Herz begehrt. Ich hörte die Stimme: „Erzähle ihm etwas von dem, was du weißt über die Engel und ihren Dienst. Er wird dir glauben." Ich erzählte ihm, daß ich die verherrlichte Geistform über dem ausgemergelten Erdenkörper gesehen hätte, auch, daß die sogenannten Toten oft in der Lage seien, zu ihren Lieben auf der Erde zurückzukehren. Ich sagte ihm auch, daß ich oft Engel gesehen hätte, die menschlichen Wesen geholfen hätten. Auch machte ich ihn darauf aufmerksam, daß, wenn er glaube, bei Selbstmord in eine andere Existenz hinüberzuwechseln, das aber nicht die Sphäre sei, wo sich sein seliges Weib befinde, ihre Heimat gefunden habe, und daß es sehr lange dauern könne, ehe er, wenn er Selbstmord begangen habe, zu ihrer Sphäre aufsteigen könne. Ob ich denn ihre Gegenwart gelegentlich feststellen könne, meinte er, und ob ihre Gedanken mich erreichten und ich solche hinaufsenden könne. Ich versicherte ihm, daß er all das verwirklichen könne, aber vorher müsse er seinen Glauben an Gott wiedergewinnen; mit Beten würde er sich selbst von den trüben Gedanken, die von ihm Besitz genommen hätten, befreien und die Fenster seiner Seele wieder für die göttliche Liebe öffnen. Dann werde er auch, wenn allein, sich bewußt werden der Gegenwart und der Mitteilungen seines Engelweibes, Mitteilungen, die er vielleicht nicht als Worte hören, sondern in seiner Seele deutlich verstehen werde. Bevor ich ihn verließ, hatte er alle Gedanken an Selbstmord aufgegeben, und war auch in ihm das Bewußtsein geweckt, daß sein Leben nicht einsam und trostlos, wie er geglaubt hatte, verlaufen werde. Schon nach einigen Tagen erzählte er mir, daß er die Gegenwart seines Weibes festgestellt habe, die ihm Worte des Friedens und der Stärkung in die Seele gebracht habe. Aber die große Belastung, die auf ihm gelegen hatte, verbunden mit vermehrten Überstunden, führten zu einem Nervenzusammenbruch. Dann kam er einige Zeit in meine Pflege. Häufig sah ich während der Pflege sein Weib an seinem Bett und ihn behandeln. Sehen, wie ich es lebhaft wünschte, konnte er sie nicht, aber er erzählte mir, daß er ihre Gegenwart fühlen könne. Nach seiner Gesundung blieb ich noch einige Zeit in Verbindung mit ihm. Mehr und mehr wurde ihm die Gegenwart und Kameradschaft seiner Frau bewußt. Wie er mir sagte, wurde ihm nicht nur das Bewußtsein, die Gewißheit ihrer Liebe und Zuneigung, sondern sie brachte ihm auch heilige und erhebende Gedanken von Gottes unendlicher Liebe und Barmherzigkeit. Das Geld von dem gefälschten Scheck zahlte er anonym zurück, und er half anderen, die in Not waren, mit Rat, Mitgefühl und Güte, auch mit Geld, wenn er dazu in der Lage war. Manche wurden bessere Menschen, seit sie ihn kennenlernten.

Viele Personen haben, wie ich glaube, ihnen selbst unbewußt, irgend etwas von dem, was man gewöhnlich psychische Gaben nennt, so daß sie nach Ausbildung ihrer Gaben Verbindung aufnehmen können mit denen, welche durch den Tod in einen anderen Zustand eingetreten sind. Davon können manche sie sehen, andere sie hören und besonders Begabte sie sehen und hören. Andere wieder, die sie nicht sehen oder hören, können ihren Einfluß verspüren. Ich glaube in der Tat, daß die meisten Leute so beeinflußt sind, daß aber verhältnismäßig wenige es merken. Das Empfinden für solchen Einfluß kann entwickelt werden und ist dann eine der größten Wohltaten.

Als ich nach meinem Austritt aus dem Spital Privatpflege übernahm, kam ich zu einer alten Dame, die an einer schmerzhaften inneren Krankheit litt, unheilbar, außer durch eine Operation, die aber in Anbetracht ihres hohen Alters zu gefährlich war. Sie war Witwe und lebte mit ihrer Tochter zusammen. Sie trug ihr Leiden mit großem Mut, klagte nie, aber der Kummer der Tochter war herzbrechend, als sie erfuhr, daß ihre Mutter bald von ihr genommen werde. Die Tochter war eine gute und fromme Person. Sie hatte den Glauben, daß ihre Mutter Ruhe und Glückseligkeit im Himmel finden werde. Neben dem Gedanken, daß sie so allein sein werde, wenn die Person, welche sie so herzlich liebte, Abschied von ihr genommen hätte, war es die Überzeugung, daß zwischen der Mutter im Himmel und ihr auf der Erde jede Verbindung unmöglich sei, was ihr das Leben, das noch vor ihr lag, schrecklich erscheinen ließ.

Um ihr zu erklären, daß eine Verbindung wohl möglich sei, erzählte ich ihr einiges von meinen Erlebnissen mit dienenden Engeln, aber ihre religiöse Überzeugung stand zu tief im Widerspruch zu meinen Angaben. „Ich würde das gerne glauben, aber ich kann nicht. Wenn es Tatsache wäre, daß Verstorbene gelegentlich auf die Erde zurückkommen können, dann wüßten unsere Religionslehrer doch auch davon und hätten uns davon berichtet. Es ist zu schön, um wahr zu sein. Wir sind nicht in der Lage, von Engeln besucht und von ihnen betreut zu werden.“ Da kam die Zeit, wo das Ende nahe war. Die Mutter war zeitweise bewußtlos, und die Tochter kniete neben dem Bett und weinte, das Gesicht in den Händen vergraben. Auf einmal sah ich zwei Engel, die zu beiden Seiten des Bettes standen. Das Gesicht des einen erschien als das eines Mannes von etwa 60 Jahren, Kopf und Barthaar stahlgrau. Seine Gesichtszüge aber zeigten ein gewisses Etwas, Unbeschreibliches, von jener überströmenden Kraft und Lebendigkeit, die von allen Engelsgesichtern ausstrahlt, gleich ob sie auf Jugend oder Alter hinweisen. Das Gesicht des anderen Engels zeigte eine Frau an, die zehn bis fünfzehn Jahre jünger erschien. Da öffnete die Sterbende die Augen, und sie verrieten das glückliche Erkennen, das ich ja schon oft bei denen beobachtet hatte, deren Geistkörper im Begriff ist, sich von der Erdbindung zu lösen. Sie streckte beide Hände aus. Jeder der beiden Engel ergriff eine ihrer Hände, während ihre strahlenden Gesichter von der Begrüßungsfreude leuchteten für die, welche ihren irdischen Lebenslauf beendet hatte. „Oh, Willy", rief sie aus, „ihr seid endlich gekommen, um mich heimzuholen, und wie bin ich froh, denn meine Schmerzen waren groß, und ich bin so müde." Dann fügte sie hinzu: „Und auch du, Martha!" Mit dem freudigen Licht in ihren Augen blieben ihre Hände noch etwa eine halbe Minute ausgestreckt, dann schienen sie dem Griff des Engels zu entgleiten. All ihre Leiden waren vorüber. Die Tochter hob, als sie die Stimme der Mutter hörte, ihren Kopf, und ihre tränenverschleierten Augen schienen etwas von dem frohen Erstaunen in den Augen ihrer Mutter widerzuspiegeln. „Jetzt kann ich nicht mehr länger zweifeln", sagte sie zu mir, nachdem ihre Mutter den letzten Atemzug getan hatte. „Ich weiß, daß Mutter den Vater und ihre Schwester, Tante Martha, sah. Ich weiß, daß sie kamen, um sie abzuholen in die himmlische Ruhe." Gespannt hörte sie mir zu, als ich ihr etwas mehr erzählte von dem, was ich gesehen hatte von dem Abgang der beiden Engel mit ihrer Engel-Mutter. „Ich glaube es", rief sie aus, „ach, wenn ich das doch auch hätte sehen können." Ich sagte ihr, daß sie eines Tages selbst ihre Mutter als Engel sehen werde. „Ja, jetzt glaube ich auch, daß das möglich ist", sagte sie. Dieser Gedanke tröstete sie stark, und die Bitternis über den Verlust wich einem Gefühl der Ergebung, erhellt durch eine große Hoffnung. Diese Hoffnung erfüllte sich bald, denn die Tochter besaß, unbewußt für sie selber, außergewöhnliche mediale Gaben. Während etwa zwei Jahren nach dem Tode ihrer Mutter, sah ich sie ab und zu, und sie konnte mir versichern, daß anstelle der früheren Hingabe an den Gedanken eines Verlustes der Gemeinschaft mit ihrer Mutter, ein seelenvollerer Sinn für diese Verbundenheit getreten sei, als sie diese zu Lebzeiten der Mutter gehabt habe. Sie fügte hinzu, das sei eine wirksamere Himmelsführung gewesen, als wie die Mutter sie ihr zu Lebzeiten hätte vermitteln können. „Zeitweise vermisse ich sie arg", sagte sie mir einmal, „aber wenn ich dann von Zweifeln und Unruhe geplagt bin, kommt sie zu mir und bringt mit Stärkung und Frieden, weil sie meine Gedanken zu Gott lenkt." Ihre beiden Brüder, die zu der Zeit, als die Mutter starb, in der Fremde lebten, kamen bald darauf heim. Auch diese beiden entwickelten ähnliche mediale Gaben wie ihre Schwester. Auch sie sahen ihre Mutter und sprachen mit ihr. Gleichzeitig machten sie aber auch sonst so bedeutende Fortschritte, daß ihre Freunde darauf aufmerksam wurden und die Ursache davon wissen wollten.

Im Laufe meiner Arbeit als Pflegerin konnte ich verschiedene Personen beobachten, denen durch Engelhilfe große Belastungen weitgehend erleichtert und Elend und Verzweiflung in Frieden und Hoffnung gewandelt wurden. Vielleicht der bedeutendste Fall dieser Art war die glückvolle Wandlung, die sich bei einem krüppelhaften Mädchen von 16 Jahren vollzog, die so gut wie keine Beine besaß. Sie war das einzige von mehreren Geschwistern, das mißgestaltet war. Die Eltern schienen sich wegen ihrer Krüppelhaftigkeit zu schämen und schenkten ihr wenig Zuneigung. Sie kam nie aus dem Hause, und die Nachbarn ließ man soweit wie möglich nichts von ihrer Existenz wissen. Sie hatte nicht schreiben und lesen gelernt, hatte auch keine religiöse Belehrung erhalten. Ich hätte von ihr nie etwas gewußt, aber eine schwere Krankheit in der Familie brachte mich in das Haus für sechs Monate. Mein Herz wurde ergriffen bei dem Anblick ihres rührenden Gesichts und ihrer liebeheischenden Augen. Zuerst erschrak sie vor mir, wie vor allen Fremden, denn die Vernachlässigung, mit der man sie behandelte, hatte sie zu der Annahme verführt, daß ihr Anblick alle abstoße. Natürlich vermehrte das mein Mitleid mit ihr, und ich setzte alles daran, die Schranke ihrer Empfindlichkeit und Furchtsamkeit zu beseitigen. Da hatte ich bald Erfolg, denn ihr verarmtes Herz hungerte nach Zuneigung. Als ich etwas Vertrauen und Liebe bei ihr gewonnen hatte, begann ich ihr etwas von der Liebe Gottes und von Jesu Wirken auf der Erde zu erzählen. Sie hörte gierig zu, wie eine Pflanze, die am Absterben ist in einem ausgetrockneten Boden und wieder auflebt, wenn der Regen auf sie fällt, so schien ihre Seele, die so lange in geistiger Verkümmerung und Unwissenheit gelitten hatte, zu erwachen und sich in der Sonne göttlicher Liebe zu entwickeln. „Erzähle mir doch noch! Erzähle mir doch noch mehr!" rief sie oft mit froher Erwartung in den großen Augen, wenn ich ihr von dem Dienst der Engel gesprochen hatte und daß sie später auch so ein Engel sein werde. „Werde ich dann auch gehen können wie andere?" fragte sie mich. – „Ja", antwortete ich, „wenn du in ihre Welt hinübergehst, wirst du einen schönen geistigen Leib haben, vollkommen und frei von allem Leid und Beschwerde." – „Oh", rief sie aus, „wenn ich doch auch die leuchtenden Engel sehen könnte, dann würde ich mich nicht mehr so verlassen fühlen." Ich antwortete ihr, daß sie dieselben wohl eines Tages sehen und auch hören werde; wenigstens würde sie fähig werden, ihre Anwesenheit zu fühlen. Auch sie besaß seltene latente Kräfte. Mir schien, sie müßten nur in ihrer geistigen Natur geweckt und weiterentwickelt werden, um ihr die Wirklichkeit des Engeldienstes zu offenbaren. Ich war gut einen Monat in dem Hause, als sie mir erzählte, daß sie im Traum die „strahlenden Engel" gesehen habe. Sie sah sie dann mehrere Nächte im Traum und gewöhnte sich daran, den Schlaf zu erwarten, damit die Träume ihr wieder Freude und Kraft brächten. Als ich dann eines Morgens in ihr Zimmer ging, um zu fragen, wie sie geschlafen hätte, saß sie im Bett aufrecht, mit Augen voller Entzücken, und sie klatschte in die Hände. „Was denken Sie? Was denken Sie?" rief sie freudestrahlend, „ich habe einen von den strahlenden Engeln gesehen!" – „Im Traum?" fragte ich. – „Nein, kein Traum, es war Wirklichkeit", antwortete sie. „Der Engel stand an meinem Bett, da, wo Sie stehen." – „Und was sprach der Engel zu dir?" – „Er sprach mit mir über Gottes Liebe, so wie Sie, und ließ mich fühlen, daß Gott mich wirklich liebt. Er erzählte mir auch, daß ich auch ein strahlender Engel sein werde, und daß ich dann mich gleich bewegen könne wie er. Oh, ich bin so glücklich, da ich weiß, daß das alles wirklich und wahr ist." Sie klatschte mit den Händen, ich ebenfalls, und ein Dankgebet stieg aus meinem Herzen auf dafür, daß ihr die Kameradschaft der Engel versprochen war und daß diese ihr größere Hilfe und Frieden bringen würden als irgend irdische Freude. Dann verging kaum ein Tag, solange ich bei dieser Familie blieb, an dem sie mir nicht erzählt hätte, daß sie Engel gesehen und mit Ihnen gesprochen habe. Ich lehrte sie lesen und schreiben. Sie lernte schnell. Sie las sehr gerne in der Bibel, und sie sagte mir, daß die Engel gewöhnlich zu ihr über das sprächen, was sie da gelesen hätte, ihr alles erklärten und ein großes Glücksgefühl vermittelten. Diesen Engeldienst erlebte sie bei Tag und bei Nacht. Oft hörte sie auch, wie sie mir sagte, wundervolle Musik, wahrscheinlich die gleiche, wie ich sie höre. Diese Offenbarungen verursachten einen großen Wandel in ihr. Die bei ihr zur Gewohnheit gewordene Niedergeschlagenheit wich einer stillen Freude, die etwas Ansteckendes hatte, so daß ihre Eltern, die sie bisher gemieden hatten, anfingen, Freude an ihrer Gesellschaft zu finden. Aber sie hatten keinerlei geistige Einstellung. An den Dienst der Engel konnten sie nicht glauben. Sie waren überzeugt, daß sich die Tochter das nur einbilde, was sie angeblich sehe und höre. Aber da es sie glücklich mache, solle man sie dabei lassen, ihren Wahnvorstellungen – wie sie es nannten – nachzugehen. Ihr Vater und ihre Mutter hatten eines Tages gerade mit mir über diese Dinge gesprochen und sie als gegen den klaren Verstand verstoßend bezeichnet, als uns etwas veranlaßte, in das Zimmer der Tochter zu gehen. Dort sah ich einen strahlenden Engel über sie gebeugt, und da ich bald das Haus verlassen würde, benutzte ich die Gelegenheit, den Angehörigen etwas in ihre Unwissenheit und Blindheit hineinzuleuchten, bestätigte, daß auch ich den Engel sähe und beschrieb dessen Erscheinung. „Oh, wie bin ich froh, daß Sie den hellen Engel genauso sehen wie ich", rief die Tochter aus, „nun wissen Vater und Mutter doch, daß es keine Einbildung ist."

Ich war besorgt, als ich sie verließ, denn sie war ein sehr lieber und zarter Charakter geworden. Sie weinte, als ich von ihr Abschied nahm, und sie sagte, sie werde mich sehr vermissen. „Aber du wirst dich nie wieder allein fühlen wie früher", sagte ich. „Immer werden dich Engel trösten." – „Ja, ich weiß das", antwortete sie fröhlich, „sie haben mir versprochen, daß sie mich nie mehr verlassen, solange ich lebe, und daß ich nachher immer mit ihnen zusammen sein werde."

Das Bewußtsein, bei vollem Verstande, von der Nähe des Todes, läßt, glaube ich, mehr als sonst irgend etwas, bei Mann und Weib den wahren Charakter hervortreten. Es scheint mir, daß in dieser Zeit die Seele alles auf die Seite schiebt, was bisher ihre wahre Natur verbergen half, sie erkennt sich selbst ob schön oder abstoßend. Und ihr wahres Gesicht enthüllt sie, wohl mehr als dem Arzt oder Geistlichen, auf deren Besuch sie gewöhnlich in einem gewissen Maße vorbereitet ist, der Pflegerin. Während der langen Stunden, die der Patient unter der Beobachtung der Pflegerin steht, besonders während der Nachtwachen, wenn der schlaflose Kranke sich immer wieder vor die Frage gestellt sieht, was kommt nach dem Tode? Dann zeigt sich der große Unterschied zwischen denen, welche eine befriedigende Antwort fanden und denen, die sie nicht fanden. Tod, nicht weniger als Leben, schien mir seit jeher die Kernfrage der Religion zu sein, eine Glaubensfrage, die nicht nur sonntags, sondern jeden Tag der Woche aktuell ist. Der übliche Glaube, das hat sich mir wieder und wieder gezeigt, bietet nicht den Halt, den die Seele bei Lebenskrisen benötigt. Mr. F. war ein tiefreligiöser Mann, von der feinen Art, die in der Religion eine dauernde Quelle der Freude und sicheres Geleit in allen Schwierigkeiten des Lebens fand. Bei allen, die ihn kannten, war er sehr geschätzt. Ich wurde zu ihm gerufen, als er an Pneumonie litt und in bedenklichem Zustande war. Schon die erste Nacht, welche ich bei ihm war, bemerkte ich, daß er unter Engelpflege war, denn ich sah einen Engel mit der Erscheinung eines jungen Mannes, der sich über ihn beugte. Er legte, wie es auch der Heilengel im Spital immer getan hatte, die rechte Hand auf des Leidenden Stirn. Jede

Nacht, manchmal sogar mehrmals in der Nacht, sah ich diesen Engel an der Bettseite von F. Er schien manchmal einen beruhigenden, schmerzstillenden Einfluß auf den Patienten zu haben, damit er schlafen konnte. Aber trotz dieser Betreuung und allem, was zwei Ärzte für ihn tun konnten, ging es ständig schlechter. Es traten häufig Delirien ein. In den Fieberträumen treten oft die beherrschenden Charakterzüge eines Menschen hervor. Das war bei F. sicher der Fall, denn er sang, sang mit Inbrunst Strophen seines Lieblingsliedes: Streiter Christi erhebt Euch und gürtet Euch mit dem Schwert.

Die Lungenentzündung wurde zweiseitig, und das Herz wurde angegriffen. Die Ärzte, die ihn behandelten, kamen zu dem Befund, daß der Fall hoffnungslos sei. Auch der zugezogene Spezialist bestätigte den Befund, und es lag außer ärztlicher Kunst, das Leben des Patienten zu retten. Am Abend, nachdem der Spezialist das Todesurteil gesprochen hatte, war die Familie in F.s Zimmer versammelt, um wie sie fürchteten das letzte Mal mit ihm zusammen zu sein. Für ihn hatte der Tod keine Schrecken. Nur der Gedanke an den Kummer seiner geliebten Frau und der Kinder betrübte ihn. „Mein Gewinn wird für sie ein Verlust sein", sagte er. Als alle das Zimmer verlassen hatten und ich mit ihm allein war, ergriff er meine Hand und sagte: „Das Ende scheint nahe zu sein. Beten Sie für mich, und dann bleiben Sie bis zum Ende bei mir, wollen Sie?" Ich versprach es ihm und betete, so wie mir die Worte eingegeben wurden. Dann betete er mit mir zusammen das Vaterunser. Bald danach kam wieder ein Delirium, und er sang darin Verse aus seinem Lieblingslied. Um 4 Uhr morgens erwachte er völlig klar aus einem kurzen Schlaf. Nachdem er etwas Nahrung genommen hatte, sagte er: „Schwester, hatten Sie den Raum verlassen?" – „Nein", sagte ich. – „Habe ich den Raum verlassen?" fragte er dann. „Ja, war ich denn draußen?" Ich versicherte ihm, daß er das Zimmer nicht verlassen habe. „Sind Sie ganz sicher?" – „Ja, ich bin ganz sicher", antwortete ich, „und ich bin ganz sicher, daß Sie währenddessen nicht aus dem Bett waren." – „Aber ich war weg", sagte er, „denn ich habe den Heiland gesehen, und Er sagte zu mir: ‚Lege fröhlich deine Rüstung an, denn dein Werk hier ist nicht zu Ende. Du wirst bald genesen, und dann wirst du reichlich zu tun haben für mich.'" Da ich dachte, er könne vielleicht noch etwas im Delirium sein, machte ich eine zarte Andeutung; er bemerkte meinen Zweifel. „Sie werden es mir doch wohl glauben, wenn ich Ihnen sage, daß ich den Heiland gesehen habe?" sagte er. „Und", fügte er hinzu, „ich weiß nun, daß ich wieder gesund werde." Kurz darauf sah ich am Kopfende des Bettes den Engel stehen mit erhobener Hand. Wenige Stunden später zeigte sich eine kleine Veränderung in seinem Zustand, zunächst noch gering, aber für mich, die ihn pflegte, gut bemerkbar. Ich fühlte, daß die Krisis vorbei war. Den Mitgliedern der Familie, denen vom Arzt verboten worden war, mit F. zu sprechen, sagte ich, was F. mir erzählt hatte. Sie waren erstaunt, aber sie glaubten es, und die Belastung, die auf ihnen lag, wandte sich in Hoffnung. Von da an änderte sich die ganze Stimmung im Haushalt. Es war, als wenn nun eine Feierstimmung das ganze Haus durchflute mit Frieden und Fröhlichkeit. Die wirklich nur geringe Besserung im Zustande des Patienten konnte die Ärzte nicht zur Änderung ihrer Annahme bewegen, daß eine Heilung unmöglich sei. Ich wagte nicht, ihnen zu erzählen, daß da Kräfte im Spiel seien, von denen materia medica keine Kenntnis hat. Sie würden über diese Idee gespottet haben. Er fuhr fort, langsam Fortschritte zu machen, und nach zwei Wochen erklärten die Ärzte ihn außer Gefahr. Sie sahen seine Wiederherstellung als wirklich wunderbar an. Und, großzügig, wie die Mitglieder des ärztlichen Berufes immer sind, denen die Ehre zu geben, denen sie zukommt, sagten sie mir, daß nur meine Hingabe in der Pflege den Kranken gerettet habe. Unter den vielen Todesfällen, die ich erlebte, war der der Mrs. L. der, welcher das schönste Beispiel lieferte für den Sieg des Glaubens über den „grimmigen Schrecken". Es ist dies die wertvollste Erinnerung aus meinen Erlebnissen als Pflegerin. Mrs. L. war eine bekannte Sängerin gewesen, auf deren Hilfe bei Veranstaltungen Wohlfahrtsgesellschaften nie vergeblich abstellten. Sie war eine gute und sehr liebenswürdige Frau. Sie litt an einer inneren Krankheit, die als unheilbar bezeichnet worden war. Ich hatte die schwarze verschleierte Gestalt am Fußende ihres Bettes

gesehen und wußte also, daß der Tod nahe war. 24 Stunden war sie so schwach und hinfällig, daß sie nur abgebrochen etwas wispern konnte und unfähig war, sich allein aufzurichten im Bett. Dann erschienen zwei Engel, um sie abzuholen in die Sphäre, wo Friede und Freude wohnen und Leiden unbekannt sind. Da öffnete sie plötzlich ihre schönen Augen. Sie ließ nicht erkennen, daß sie die Engel erblickt hatte, aber sie richtete sich allein auf im Bett, und mit einem überirdischen Gefühlsausdruck sang sie von Anfang bis zum Ende die herrliche Hymne: „Oh, bleibe im Herrn!“ Die Stimme klang so rein und hell wie in früheren Jahren, wenn Hunderte entzückt in der Konzerthalle sie hörten. Es ist gut, zu wissen, daß es auf der Erde gelegentlich auch Vorgänge gibt, welche die Engel erfreuen. Dieser war ein solcher, denn die strahlenden Gesichter der beiden Engel an ihrem Bett glühten von fröhlichem Entzücken, als sie der Sängerin zuhörten. Nach Beendigung des Gesanges sank sie in das Bett zurück und verschied.
Ganz anders war der Tod von Mrs. T. Sie war wohlhabend, früher eine Schönheit und sehr begabt gewesen, aber sie war auch außerordentlich eitel, selbstsüchtig und ausgesprochen weltlich. Nach außen gab sie sich, weil ihr das half, ihre soziale Stellung zu heben, als eine fromme Frau. Sie trieb ihre Scheinheiligkeit so weit, daß sie ihre ganze Dienerschaft jeden Sonntag in die Kirche schickte – eine Kapelle genügte nicht. Das war eine der Anstellungsbedingungen. Auch sie war das Opfer einer inneren Beschwerde. Sie hatte kurz vorher hintereinander zwei Pflegerinnen gehabt, die sie verließen, weil sie ihre herrischen Manieren und unvernünftigen Forderungen nicht ertragen konnten. Aber irgendwie veranlaßte es mich, bei ihr auszuhalten und bis zu ihrem Tode bei ihr zu bleiben, der etwa sechs Monate nach meinem Eintritt erfolgte. Zwei Wochen vor dem Ende wußte sie, daß ihr Fall hoffnungslos sei und daß der Tod sie bald hinwegnehmen werde. Da zeigte sich, daß die ganze Frömmigkeit nur eine üble Fassade war. Wenn ich ihr von dem Leben nach dem Tode erzählen wollte, zeigte sich auch, daß sie ein ganz skeptischer Materialist war. „Kein Mensch weiß etwas von einem Leben nach dem Tode“, sagte sie. „Was die Religionen über einen zukünftigen Zu-

stand lehren, ist alles nur Vermutung und Annahme. Wir wissen nur, daß der Tod dieses Leben abschließt." Sie fand natürlich, daß andere starben, aber daß der Tod auch sie holen solle, erfüllte sie mit Empörung. Wie konnte von ihr verlangt werden, daß sie ihr Leben aufgeben und von jeglichem Vorteil und Genuß beraubt sein sollte? Der Gott, den sie in der Kirche so andächtig verehrte, existierte nicht. Sie hatte auch keinen Glauben an das Gebet und an den Erfolg derer, die sie öffentlich so oft mitgebetet hatte. Sie fand keinen Trost, mit Ausnahme in dem Spott über die Grausamkeit und Ungerechtigkeit der Bestimmung, nach der ihr Leben von ihr genommen werden sollte. Es war traurig, zu sehen, wie kein Strahl der Hoffnung kam durch das Dunkel, das ihre Seele umgab.

III

Es kam eine Zeit, wo ich das Pflegen aufgeben mußte und Kümmernisse mancherlei Art schwer auf mir lagen. Es war die dunkle Stunde vor dem Tiefstand. Aber ich hatte keine Ahnung, daß er so nahe war. Ich begleitete eine Freundin zum Haus einer Dame, die jahrelang schon invalide war und eine Pflegerin benötigte. Als ich zu ihr kam, flog ihr mein Herz direkt entgegen, denn augenblicklich wurde mir die Tiefe und Zartheit ihres Herzens bewußt. Diese Frau ist, ich weiß nicht, warum, sagte ich mir, die Freundin, nach der ich immer mich gesehnt habe. Aber es war nur kurz, daß ich diese Freundschaft genießen konnte, denn als ich einmal bei ihr war, sah ich auch bei ihr die dunkle Gestalt mit dem verhüllten Gesicht.
Meine Freundin wurde als Pflegerin engagiert, und ich verließ das Haus mit einem Gefühl bitterer Enttäuschung, da ich doch diese Stelle so besonders gern gehabt hätte.
Zwei Tage später sah ich ihren Tod. Es geschah, wie ich später erfuhr, in der Todesstunde. Ich hatte das Gefühl, als wäre ich in ihr Zimmer versetzt, und ich hörte ihre letzten Worte: „Gott ist die Liebe." Ich sah auch über dem leblosen Körper ihre herrliche Geistesgestalt mit

dem strahlenden Gesicht, daneben die beiden Engel, welche sie abholten. Als ich wieder zu mir kam, lag ich noch in meinem Bett in meinem Zimmer und weinte über den Verlust einer Freundin, deren Freundschaft ich nie erlebte. Ein wenig später erfuhr ich dann, eine wie wertvolle Freundin sie für mich war, um mir Stärkung zu bringen und mir Angaben zu machen über das Leben nach dem Tode.

Eines Tages, etwa eine Woche nach ihrem Abschied, kam das Bedürfnis über mich, bei meinem Bett zu knien und um Hilfe und Führung zu bitten. Ich war in tiefer Sorge wegen Personen, die mir lieb waren und für die ich keinen Ausweg sah. Da berührte mich etwas zart an der Schulter, und als ich aufsah, stand ihre Geistesgestalt da, genauso, wie ich sie über ihrer Leiche gesehen hatte. „Wirf deine Sorgen auf den Herrn, und er wird sie tragen", sagte sie und verschwand langsam aus meiner Sicht. Es gibt wenige Stellen in der Bibel, die Belasteten größere Stärkung gebracht haben, als diese, und wenn ein Engel uns solche göttliche Botschaft vermittelt, dringt sie tiefer in uns, als wenn sie von menschlichen Lippen kommt. Ich erhob mich von meinen Knien mit dem Gefühl, erhört worden zu sein. Aber der Weg aus meinen Schwierigkeiten war nicht sofort geöffnet. Zwei Tage später bei der Hausarbeit, voll Sorgen im Gemüt, fühlte ich wieder diese Berührung, und wieder stand der Engel neben mir. Sie führte eine andere Stelle an: „Fürchte dich nicht, nie sei verzagt; ich bin mit dir; ich werde dich nicht verlassen und nicht aufgeben." Ihr strahlendes Gesicht spiegelte die Zuversicht wider, daß Gott nicht verläßt, die auf ihn trauen. Es kam Frieden in mich. Aber die menschliche Natur ist schwach, und ich bin auch sehr menschlich. Es ist schwer, an diesem Glauben in Gott festzuhalten, der eine ruhige Zuflucht in allen Wechselfällen des Lebens, die einen bedrängen, bietet. Zeitweise konnte ich nicht verhüten, daß ich der Verzagtheit Raum gab, und noch manchmal in der nächsten Woche erschien der Engel bei mir und führte einen Spruch an, der zu meiner Lage und Stimmung paßte. Das half mir viel und richtete mich wieder auf.

Schon bevor sie mir erschien, hatte ich, wie berichtet, manche Engel gesehen und die wohltuenden Wirkungen ihrer Hilfe erlebt; für mich aber waren es Wesen, die durch den Tod so verändert, geistig so erhaben seien, daß sie nicht in enge Berührung mit unserem durch allerlei irdische Sorgen und Nöte belasteten Leben kommen könnten. Durch sie lernte ich, daß auch Engel die Gefühle der Freundschaft und Verbundenheit behalten, doch ohne alle irdischen Belastungen. So wurde sie im Laufe kurzer Zeit inniger meine Freundin, wie irgendeine der Freundinnen aus dem Leben. Wenn sie kam, verschwand sie nicht sofort wieder, sondern stand bei mir, sprach mit mir so eingehend und natürlich, wie es nur ein menschliches Wesen kann. Wenn sie bei mir war, sah ich sie genauso klar wie irgendeinen Gegenstand des täglichen Lebens; und ihre Stimme, weich, tief und melodisch, war so gut hörbar wie die irgendeiner menschlichen Sprache. Sie war für mich eine so ausgesprochene Persönlichkeit, wie irgendeine lebende Person mit individuellen Eigenschaften. Wenn ich mich mit ihr unterhielt, war es nicht notwendig, daß ich meine Gedanken aussprach. Wenn ich zu ihr sprach, hörte sie mich an und antwortete; aber wenn ich nicht sprach, las sie meine Gedanken und antwortete auf sie. Mit der irdischen Sprache verbirgt man manchmal die Gedanken. Vor einem Engelfreund können sie nicht verborgen werden. Und so schließt eine solche Freundschaft eine viel tiefere Vertrautheit in sich ein wie unter irdischen Freunden. Das auferlegt höhere Verpflichtungen und Vertrauenstreue. Neben dem erhebenden Einfluß, der sich daraus ergibt, hindert das Bewußtsein, daß der Engel unsere Gedanken liest, daß wir niedrige und gemeine Gedanken aufkommen lassen. Gedanken, auch wenn wir sie nicht aussprechen, wirken in die Ferne. War ich unglücklich oder betrübt und wünschte mir, sie möge doch bei mir sein, um mir Stärkung zu geben, so war sie an meiner Seite. Nein, ich brauchte es nicht einmal besonders zu wünschen. Man nimmt ja Freunde nicht gerne zu oft in Anspruch. Sie wußte, wenn ich Hilfe notwendig hatte, wenn ich auch nicht daran gedacht hatte, sie um Hilfe zu bitten, und sofort entsprach sie meinem Bedürfnis. Während unserer Verbundenheit hier unten sagte sie eines Tages zu mir: „Denke nicht an mich als an einen Engel, erhaben weit über allem, was dein Erdenleben betrifft; denke an mich als deine

Freundin, die dir allerwegen zu helfen wünscht und Anteil hat an allem, was dein Wohlsein betrifft." Oft begleitete sie mich auf meinen Gängen und unterhielt sich bereitwillig mit mir über das, was wir gerade sahen. Sie war auch oft bei mir, wenn ich mit Hausarbeiten beschäftigt war und half mir mit Hinweisen, und bei ihrer Heiterkeit und ihrem guten Humor schienen die Arbeiten leicht und einfach. Bevor sie von der langen Krankheit befallen wurde, war sie, wie ich von denen erfuhr, die sie zu Lebzeiten gekannt hatten, lange Jahre eine große Dulderin gewesen, hatte aber durch ihr fröhliches, sonniges, hilfsbereites und hoffnungsvolles Wesen viele angezogen. Und nun, da sie frei war von aller Schwäche und Schmerz, strahlte sie förmlich Freude aus und floß über von Glückseligkeit. Ihr fröhliches, mitreißendes Lachen war an sich schon eine Stärkung. Ich schrieb von ihr wie von Vergangenem, aber es sollte eigentlich Gegenwart sein, denn sie ist immer noch meine liebste Freundin, und sie wird bis ans Ende meines Erdenwallens fortfahren, mir zu raten, mich zu führen und zu stärken. Sie ist mein Engelführer. Die meisten Freunde sprechen von ihr trauervoll als „tot". Ich hoffe, einst so voller Leben zu sein wie sie, so daß es mich manchmal lange dünkt, bis ich auch zu den Toten gezählt werde.

IV

Der Pfad, auf dem ich meinen Sorgen entrinnen sollte, hatte sich noch nicht geöffnet, und eines Nachts lag ich wieder einmal in verzweifelter Stimmung schlaflos im Bett. Ich betete innig um Hilfe. Da hörte ich eine sehr liebe Stimme zart meinen Namen aussprechen, und ein Engel – mein Schutzengel, wie ich dann erfuhr – beugte sich über mich. „Komm mit mir", sagte er, umarmte mich und hob mich in die Höhe. Das Zimmer verschwand vor mir, den Arm um meine Taille, wurde ich schnell – ich möchte sagen – empor*getragen*, und wie es schien, immer höher und höher. Als wir über das Stadtzentrum kamen, konnte ich, als ich hinuntersah, trotzdem es

Nacht war und wir sehr hoch waren, die Gesichter der Leute in der wimmelnden Verkehrsader ganz deutlich erkennen. Auch den Verkehrslärm konnte ich ganz deutlich wahrnehmen, als wäre ich selbst mitten darin. Mit zunehmender Höhe nahmen die Geräusche nach und nach ab. Die große Stadt entschwand meinem Blick. Immer höher stiegen wir, schien mir, über Städte, Flüsse, große Wasserflächen hinweg, bis auch die Erde meinem Blick entschwand, und ich einen Augenblick überhaupt nichts mehr sah. Als wir dann anhielten, stand ich mit dem Engel inmitten einer Szene von wunderbarer Schönheit, und ich kam spontan, also nicht nach und nach, in einen Zustand des Entzückens. „Wo sind wir?" fragte ich den Engel. „Das ist der Himmel, wo wir uns aufhalten", antwortete er, „und wenn wir hierherkommen, haben wir alle Sorgen und Nöte hinter uns gelassen. Und nun ruhe aus." Wir setzten uns zusammen nieder, und ein großes Glücksgefühl, wie ich es nie gekannt hatte, nahm von mir Besitz. Alle Nöte, die so schwer auf mir gelegen hatten, lagen hinter mir. Ich sagte zu dem Engel: „Welch wundervolles Gefühl von Frieden und Ruhe überkommt mich! Kann ich hier immer bleiben?" – „Nein, noch nicht", antwortete er, „deine Aufgabe auf der Erde ist noch nicht erfüllt. Aber du hast hier viele Freunde, und ich werde immer mit dir sein, denn ich bin dein Schutzengel." Der Engel hatte mir bis dahin nichts davon gesagt, daß ich unter seiner besonderen Obhut stand, und die Zusicherung, daß sein Schutz und Führung von nun an immer mit mir sein werde, war für mich ein Geschenk von unbeschreiblichem Wert. Dann wurde ich mir auch einer neuen Sehergabe bewußt, denn ich konnte meine eigenen Züge sehen. Aber es waren nicht die Gesichtszüge, wie ich sie im Spiegel sehe, sondern ich sah das Gesicht meines Geistkörpers, strahlend wie die Gesichter der verklärten Wesen, die ich so oft hatte aufsteigen sehen über den Körpern, aus denen das irdische Leben entflohen war, und wie bei diesen war auch ich in ein Geistkleid gehüllt.

Da war mir auch klar, daß ich die Erde als Geist verließ und in meinen noch lebenden Erdkörper zurück mußte, um meine irdischen Pflichten zu Ende zu führen. Es geht weit über mein Vermögen, um die Herrlichkeit des Ortes zu beschreiben, an den mich mein Schutzengel gebracht hatte. Ich war wie in einem großen parkähnlichen Garten, weit weg, begrenzt von schwach sichtbaren Bergen. Verglichen mit Gärten auf Erden war er so, wie der verherrlichte Geistkörper gegenüber einem irdischen Körper. In großartiger Fülle: Blumen, Bäume, Sträucher, Grünflächen, Bäche und Flüsse. Viele Blätter und auch manche Blumen ähnlich wie auf der Erde, aber eben mit dem erstaunlichen Unterschied, den ich andeutete. Manchen der Blumen wüßte ich nichts Vergleichbares auf Erden gegenüberzustellen, und an Lieblichkeit übertrafen sie die irdischen weitaus. Das gleiche gilt auch für Bäume und Sträucher. Einige Bäume trugen Früchte, einige ähnlich wie auf der Erde. Andere, wie ich sie auf Erden nie gesehen habe.

Es gibt auch vielerlei Vögel in den himmlischen Gefilden, aber ihr Federkleid und ihr Gesang sind viel, viel schöner als die irgendeines gefiederten Sängers auf Erden. Der ganze Raum ist erfüllt von ausgewähltem und erfrischendem Wohlgeruch. Auch das Licht war so, wie ich es nie zu Lande oder Wasser sah. Das wundervolle Glühen bei Sonnenuntergang, wenn die ganze Natur ein Lobgesang Gottes zu sein scheint, gibt einen schwachen Begriff davon. Große Maler versuchen die Landschaften, die sie malen, zu realisieren, aber hier fasziniert alles den Blick. Licht, Farben, Formen sind idealisiert weit über irgendeines Menschen Vermögen, deren Schauen auf irdische Szenerie beschränkt ist. Überall waren Engelgestalten von verklärten Männern und Frauen, junge und alte, heiter und rüstig, in den Gesichtszügen verschieden wie die Erdbewohner, aber alle Gesichter strahlend von Freude, wie man sie auf dieser Erde nicht kennt. Und von einem Charme, der jede Körperschönheit übertrifft. Welch ein Unterschied zwischen diesen fröhlichen Gesichtern und den vielen sorgenbeschwerten und leidvollen Gesichtern, wie ich sie bei dem Überfliegen von London in dem Menschengewühl gesehen hatte. Aber der Gedanke tröstete mich, daß auch von ihnen manche, die jetzt tapfer im Leben kämpfen, eines Tages auch so aussehen werden wie die, welche um mich herum waren. Diese Engel, schien mir, verhielten sich viel so, wie es glückliche Menschen auf Erden tun, sitzend, herumwandelnd, einzeln, paarweise oder in Gruppen, hin und wieder anhaltend, um Grüße auszutauschen oder mit Freunden zu sprechen. Da bemerkte man nichts von einem Gefühl ehrfürchtiger Überraschung, die, wenn gewisse Ansichten über das Leben nach dem Tode richtig wären, einige Zeit nach einer Umwandlung jenseits jeder menschlichen Ähnlichkeit herrschen würde.

Engel sind sie, aber immer noch menschlich-verherrlichte Menschenwesen. Auf der Erde stört oft die Gegenwart einer Menge von Menschen und läßt die Schönheiten der Natur weniger genießen. In den himmlischen Gefilden aber scheint jeder von den Tausenden von Engeln etwas zu den Schönheiten und der Harmonie der Szene und zu dem Gefühl heiligen Friedens und der Freude beizutragen, von denen man bei ihrer Betrachtung ergriffen wird. Aber oh, diese Musik! Wie sie anschwillt und dröhnt, schallt und widerhallt und dann wieder in zarten und lieblichen Harmonien abklingt. Und Tausende von Stimmen vereinigen sich zu Lobgesängen. Da wurde mir klar, woher die Musik kam, die ich oft auf der Erde gehört hatte, nun aber bei meinen Freunden hören konnte, doch viel schöner und begeisternder. Die Allvereinigung in Gesang und Harmonie war vollkommen. Es war, als triebe alle ein unwiderstehlicher Drang, ihrer Liebe und ihrem Dank an den himmlischen Vater Ausdruck zu geben, Gefühle, die aus ihren Herzen quollen. Oh, diese Freude und Fröhlichkeit dabei! Es war der hörbare Ausdruck für jene Gefühle, die einige von uns in den seltenen und erhabenen Augenblicken ergreifen, wenn wir das Gefühl haben, näher zu Gott gekommen zu sein und die auszudrücken wir so unfähig sind. Einige der Gesänge waren mir vertraut, aber hier mit einer solchen Wonne und harmonischen Vollkommenheit wiedergegeben, wie ich solche auf Erden nie hörte. Ich nahm an dem Gesang teil, denn ich hätte, selbst wenn ich es gewollt hätte, nicht still bleiben können unter dem Eindruck, der alle beherrschte. Viele der Gesänge waren mir unbekannt, aber es waren alles Dank- und Lobgesänge. In der großen Menge der Engel erkannte ich manche, die ich schon auf Erden kannte. Einige davon hatte ich gepflegt. Sie begrüß-

ten mich mit Lächeln und freundlichen Worten. Für sie war ich eine wie sie selbst – eben von denen, die durch das Tor des Todes in den Himmel gelangt sind. Ich weiß nicht, wie lange ich dablieb, denn ich hatte kein Gefühl für die Flucht der Zeit. Aber als ich mich wieder in meinem Zimmer befand, wußte ich, daß es kein Irrtum gewesen war, der meine düsteren Gedanken verscheucht hatte.
Etwa zwei Monate seitdem ich in den himmlischen Garten – wie ich ihn nenne – geführt worden war, wartete ich am offenen Fenster meines Schlafzimmers auf den Aufgang der Sonne. Als sie erschien, fiel auf meine Seele ein tiefes Gefühl für die Kraft und Güte des Schöpfers. Plötzlich bemerkte ich, daß meine Engelführerin neben mir stand. „Komm mit mir", sagte sie und legte einen Arm um mich. Dann, wie das erstemal, entschwand das Zimmer, und wir eilten schnell durch den Raum. Das Panorama der Erde kam außer Sicht, und wieder stand ich in dem himmlischen Garten, und wieder erfüllten seine Herrlichkeit, die prächtige Musik und die frohen Lobhymnen mein innerstes Wesen mit Frieden und Freude. „Warte hier", sagte meine Begleiterin, „ich werde einige Freunde holen, die du glücklich sein wirst wiederzusehen." Sie verschwand, war aber im Augenblick wieder zurück mit meinem Vater und meiner Mutter. Tod bringt manchen traurigen Abschied auf Erden, aber er bringt auch frohe Begegnungen im Himmel. Die Last und Sorge, die er auf Erden bringt, hatte ich reichlich kennengelernt, und nun genoß ich die Freuden der Begegnungen im Himmel, ohne daß ich selbst gestorben war. Meinen Vater erkannte ich sofort. Er war so, wie ich ihn im Leben zuletzt gesehen hatte, nur, daß er jetzt in seinem verherrlichten Geistkörper vor mir stand. Aber wunders zu sagen, auch meine Mutter, die ja von mir gegangen war, als ich erst drei Jahre alt war, und obgleich meine Rückerinnerungen an ihre Gestalt und Züge unsicher und dunkel waren, erkannte ich sofort, wie meinen Vater, und mit der gleichen Erregung und Freude. In all den Jahren, seit sie mich verlassen hatte, war das Andenken an sie wertvoll für mich gewesen, da ich immer das Gefühl hatte, daß sie irgendwo aus der Ferne über mich wache. Es dämmerte mir sofort, daß sie mich nicht be-

grüßte als eine, deren Leben von ihr genommen wurde, als sie starb, sondern als die, der mein Lebensschicksal bekannt war, wie der intimsten Freundin auf Erden. Ebenso stellte ich auch fest, daß mein Vater über alles Bescheid wußte, was mir das Leben an Erfahrungen gebracht hatte, seit er mich verließ. Nach einer Umarmung, so wirklich und zart wie sie nur je zwischen Mutter und Tochter nach langer Trennung stattfand, sagte ich: „Oh, liebe Mutter, jetzt wo ich dich endlich wiedergefunden habe, möchte ich dich nie wieder verlassen. Wie oft habe ich nach dir in den vergangenen Jahren geschrien, wenn meine Nöte und Sorgen schwer zu tragen waren!“ – „Nun, nachdem wir uns wiedergefunden haben“, antwortete sie, „werden wir nie mehr lange getrennt sein. In Zukunft soll dein Name ‚Joy‘ (Freude) sein, denn Freude wirst du vielen traurigen, hungrigen Herzen auf Erden bringen.“
Bald nach meinem zweiten Besuch in den Himmelsgärten änderten sich meine Verhältnisse, und meine Belastungen wurden von mir genommen. Meiner Mutter Versprechen, daß wir nie mehr lange getrennt bleiben würden, wurde reichlich erfüllt. Schon am Tag nach unserem Treffen in dem Himmelsgarten erschien sie bei mir auf der Erde, begleitet von meinem Schutzengel. Sie war vollkommen sichtbar für mich und auch unbehindert, mit mir zu sprechen. Es sind nur wenige Tage seit dieser ersten Begegnung, daß ich sie nicht gesehen und mit ihr gesprochen hätte, Unterredungen, bei denen alles Freude, Friede und Harmonie ist. Durch sie erhielt ich den Beweis dafür, daß die, welche uns zu Lebzeiten innig liebten, weiter lieben, mag die Trennung auch noch so lang sein. Die Bande reiner Anhänglichkeit werden durch den Tod nicht geschwächt, sondern verstärkt. Nach dem zweiten Besuch in dem Himmelsgarten kamen auch mein Vater und mein Bruder oft zu mir. Alte Freunde, teilweise schon lange verstorben, zählten jetzt zu meinen Engelbesuchen. Unter ihnen waren auch solche, welche ich auf Erden nicht kannte, die mir aber sehr liebgeworden sind, denn es verhält sich damit wie sonst bei Freundschaften. Man bringt gegenseitig seine Freunde in Kontakt, und unter einigen von ihnen können sich engere Herzensbande entwickeln. Manchmal, seit mir meine Mutter den Namen „Joy“ gab, habe ich für meine Seele

Erfrischung gefunden inmitten der Schönheiten und Harmonien jener Behausung, wohin nichts von den widrigen Zwistigkeiten der Erde dringt. Gewöhnlich wurde ich nachts dahin gebracht, wenn ich im Schlaf lag. Auch an andere Orte wurde ich gebracht, während mein Körper hier lag, und eigenartige, prachtvolle Visionen wurden mir. Gesegnet, wahrlich, bin ich! Oft habe ich mich anfangs, als ich mit den Schönheiten des Himmelsgartens bekannt und in die Kameradschaft der Engel einbezogen wurde, gefragt, wieso gerade mir diese köstlichen Vorzüge verliehen wurden? Ich hatte doch nichts getan, um sie zu verdienen. Die psychischen Kräfte, die es mir möglich machten, so weit jenseits dieses Erdenlebens einzudringen, kamen nicht von jenen fleischabtötenden und selbstverleugnenden Praktiken, von denen ich hörte, daß einige Anhänger des Okkultismus sie erreichen, nämlich ihren Körper beliebig zu verlassen. Aber ich hatte nicht lange über diese Frage nachgedacht, als auch schon die Antwort dazu mir von meinem Schutzgeist gegeben wurde. „Viel ist dir gezeigt worden von dem Dienst der Engel auf Erden, und gerne bist du zugelassen worden zu ihrem Aufenthalt im Himmel“, sagte er, „damit du der Welt etwas von deinen Erlebnissen erzählen kannst. Auf Erden sind viele Kummerverwirrte und Beunruhigte, die, wenn sie den Weg dahin wüßten, Hilfe, Trost und Licht empfangen könnten, durch die ihre Verzagtheit sich in Freude und ihr Zweifel in die Gewißheit sich wandeln würde, daß Gott wirklich die Liebe ist. Dann werden sie wissen, was es bedeutet, das himmlische Königreich in sich zu haben.“ Dieser Trost und das Erhebende, das solche Erfahrung bringt, war ihr, wie sie mir sagte, in ihrem Erdenleben gegeben worden, besonders in den langen Jahren, da sie invalide war. Auch sie hatte die Gabe, Engel zu sehen und mit ihnen zu reden. Es erfüllte mich mit großen Bedenken, daß ich ein Buch über das schreiben sollte, was mir offenbart worden war. Meine Arbeit als Pflegerin hatte mir wenig Muße zum Lesen gelassen, und meine Schreiberei war beschränkt auf gelegentliche kurze Briefe; aber es war für mich bestimmt, daß ich in enge Verbindung mit jemanden kam, der mir helfen sollte, die Aufgabe zu erfüllen, für die ich mich unfähig hielt.

☆

An mein Ohr klangen viele herrliche Stimmen und eine große Fülle von Gesang, der unvermittelt aus Tausenden von in göttlicher Liebe überfließenden Herzen ausbrach. „Rühmet Gott den Allerhöchsten!“ sangen sie, und der Widerhall verlor sich in melodischem Geflüster zwischen den Bäumen. Ich war wieder einmal in dem Himmelsgarten mit meinem Schutzengel, dessen Gesicht, wie es mir schien, in einer neuen Schönheit erstrahlte. „Hier ist gut sein“, sagte er, „und nun komm mit mir.“ Er führte mich zu einem wie ich vergleichsweise sagen möchte, langen Durchgang (oder Straße), der sich in weite Ferne zog. Bedeckt war er mit weichem, elastischem Torf und darauf hauchzartes Grün, wie man es im Frühling hat, aber noch viel schöner. Auf jeder Seite standen, eines am anderen, was wir auf Erden als Häuser bezeichnen würden. Sie hatten, wie mir schien, alle die gleiche Breite und Höhe und waren von marmorartiger Weiße. Sie hatten einen hohen Eingang, aber nichts, das man als Fenster bezeichnen könnte. Mein Schutzengel leitete mich durch einen solchen Eingang, und ich kam in ein großes Zimmer, in dem sich Licht verschiedener Farbtöne in solcher Harmonie mischte, wie wenn schöne, zarte Musik sichtbar geworden wäre. Die Wände waren mit wolkenartigen Draperien behangen, bei denen verschiedene Grün, Rosa, Karmin und Gold sich so kunstvoll mischten, daß auch nicht der geringste Farbton störte. Die Draperien hatten aber keinerlei Ähnlichkeit mit irdischen Textilfabrikaten. Obwohl deutlich sichtbar, boten sie nichts Greifbares. Es war, als ob ich meine Hand in eine Wolke steckte. Verschiedene Sitzgelegenheiten zeigten die gleiche wohltuende Färbung. Allerlei Pflanzen und schöne Blumen schmückten den Raum. „Das ist meine Ruhekammer“, sagte mein Schutzengel, „wohin ich komme, wenn ich ruhe und meditiere. Und du sollst oft hierher kommen, um mit mir zu ruhen.“ Wir setzten uns auf eines von den Ruhelagern und unterhielten uns. „Wer baut diese schönen Ruheräume?“ fragte ich. „Sie entstehen durch den Willen des Allerhöchsten“, antwortete er, „und wir finden sie fertig vor, wenn wir hierher kommen, jeder Engel einen.“ – „Meine Liebe“, sagte ich, „ich dachte immer, daß ein erlöster Geist, wenn er die Erde verläßt, direkt in einem Zustand der Glückseligkeit zu Gott aufsteigt und da in alle Ewigkeit bleibt. Ist das nicht so?" – „O nein", antwortete sie, „niemand erreicht sofort nach dem Tode den Grad der Vollkommenheit. Manche hier kamen erst durch andere Sphären, bevor sie diese erreichten. Das dem Tode folgende unendliche Leben ist für die, welche streben, gut und nicht übel, ein Leben der Entwicklung. Man hat dich, wie du weißt, gelehrt: ‚In meines Vaters Hause sind viele Wohnungen.' Da sind Welten und Zustände, die weit höher sind als die hier. Aber wir finden hier unsere Glückseligkeit im Gottdienen, eine Seligkeit, wie wir sie auf der Erde nur träumten. Erst hier erkennen wir, was wir auf Erden nicht konnten, was die Liebe Gottes bedeutet." An einigen meiner späteren Besuche begleitete mich meine Mutter hierher. Gelegentlich nahm sie mich auch mit zu ihrem Ruheraum. Dort waren die Farben etwas anders verteilt, karmin und hellblau herrschten vor, wirkten auf mich gleich besänftigend und ruhevoll. Die Farben entsprechen den geistigen Eigenschaften der Bewohner. Oft war ich in den Himmelsgärten gewesen, bevor mir einging, was ihnen eigentlich die Himmelqualität verleiht. Nicht die erhabene Schönheit, nicht die herrliche Musik, nicht die wunderbare Lichtfülle, nicht die Düfte, auch nicht die strahlenden Gestalten und Gesichter der Engel, die da wohnen, nichts von alledem, auch nicht ihre Gesamtheit ist es, was das Himmlische ausmacht, es ist das tiefe, dauernde Gefühl der Liebe Gottes, welche alle Herzen hier erfüllt. So verschieden die Geister auf Erden bis zuletzt waren an Typen und Angesicht, an Rasse, Nationalität, Religion der verschiedensten Ausdrucksformen, hier in dem Wissen um die Liebe Gottes und in dem dadurch erwachten gegenseitigen Gefühl, das ihnen allen gemein ist, sind sie verbunden in Brüderlichkeit. Manchen von ihnen interessierten noch lebhaft Angelegenheiten auf der Erde, besonders Entdekkungen, Erfindungen und soziale Bewegungen, durch welche die Zivilisation gefördert werden soll. Ich habe verschiedentlich einer Gruppe zugehört, welche über so etwas diskutierte, vielleicht über die letzten Fortschritte in der Anwendung der Elektrizität und die zu erwartenden Wunder; oder über das, was noch mit den Flugmaschinen zu machen sei, um sie für den Luftverkehr sicher und geschäftlich rentabel zu gestalten. Mitten in solcher Unterhaltung konnte man aber wieder einen von diesen großartigen Ausbrüchen von Musik hören, die immer wieder im Himmelsgarten widerhallen und der sich alle anschließen im Lobgesang, aber nicht oberflächlich, wie oft in religiösen Versammlungen auf der Erde, sondern freudig und mit ganzem Herzen. Einer, den ich verschiedentlich hatte an solchen Diskussionen teilnehmen gehört und der auf Erden ein tüchtiger Ingenieur und Wissenschaftler gewesen war, sagte zu mir: „Gottes Liebe ist für uns gleichsam, was die Luft ist für die Irdischen. Wenn das nicht wäre, hätte der Aufenthalt hier für uns wenig Wert, und wir würden danach verlangen, uns wieder in die Kämpfe und Zerstreuungen auf der Erde zu stürzen. Ich interessiere mich immer noch sehr für die Dinge, welche auf Erden mein Denken so stark in Anspruch nahmen, aber noch viel mehr – weit mehr – beschäftigt mich jetzt alles, was zum geistigen Aufstieg der Menschheit dienen kann. Davon hängt viel mehr ab, als vom materiellen Fortschritt.“ Bei einem der vielen Besuche wandelte ich einmal mit meiner Führerin neben einem prachtvollen Strom, während ich mich dankbar in den Geist des Friedens, der Ruhe und Andacht versenkte, welcher hier wehte, bemerkten wir das Nahen eines Schwarmes von Geistern. Sie gingen reihenweise wie in einer Prozession, manches Tausend, Loblieder singend, wie es nur Engel können. Als die Spitze näherkam, sah ich vornan jemand, der sichtbar in Herrlichkeit gekleidet war. Von seinem weißen Kleid strahlte Licht und um sein Haupt war ein großer Heiligenschein. „Jesu, salvator hominum!“ rief mein Schutzengel aus, und wir fielen auf die Knie. Als der Heiland bei uns vorbeikam, lächelte er uns zu und gab uns mit erhobener Hand den Segen. Wir blieben noch eine Weile auf unseren Knien.

So wie wir uns in Gedanken an die verschiedensten Orte auf der Erde versetzen und mit den Gedanken dort Szenen sehen können, so können sich die Engel ebenso schnell an irgendeine Stelle auf der Erde begeben, um dort zu sehen, was sie wünschen, oder im göttlichen Sinne zu wirken. Alle Wunder und Schönheiten auf dieser Erde sind ihnen zugänglich, und um hinzugelangen, benötigen sie nichts als ihren Willen. Kräftig angezogen werden sie von den himmlischen Sphären weit über die Erde hinaus. Daran haben sie höheres Ergötzen. Denn hier sind sie frei von all den Sorgen und Schwächen, die sie auf Erden belasten, ihr Denken ist freier und kann höher aufsteigen. Und im Geistkörper sind, wie ich feststellte, alle Sinne belebter. So sind auch die irdischen Schönheiten weit schöner, wenn man sie mit den Augen des Geistkörpers sieht. Wahrlich, hier sehen wir „wie durch ein Glas, ein dunkles Glas". Ich sprach einmal mit meiner Führerin über den Unterschied zwischen irdischen Szenen und himmlischen. „Es gibt kein Meer hier", bemerkte ich, „und ich nehme an, daß das so ist in Erfüllung des Versprechens, daß nie mehr Sintflut sein soll." – „Es gibt kein Meer hier", sagte sie, „aber wir können gehen und uns den Ozean in irgendeinem Zustande ansehen, wann wir wollen. Komm mit, und ich werde ihn dir zeigen." Sie schlang den Arm um mich, und ich wurde mir bewußt, daß wir in, wie es mir schien, ungeheurer Geschwindigkeit dahinflogen. Schon nach einigen Augenblikken fand ich mich neben ihr stehend auf der Spitze einer sehr hohen Klippe und sah hinunter auf eine weite Seefläche, auf der sich auch allerlei Schiffe befanden. In dem herrlichen Sonnenschein wahrlich ein erhebendes Schauspiel. Ich wurde verschiedentlich mitgenommen zu diesem hohen Riff, dabei einmal, als ein heftiger Sturm raste und große Wellen gegen die Felsen weit unter uns schlugen. Großen Eindruck machte auf mich als Beispiel für den großen Unterschied des Empfindens zwischen dem geistigen und dem irdischen Körper, daß ich, neben der hohen Empfindlichkeit für alles, was in dieser Szene für mich erhebend und erfreuend war, auch die salzige Seeluft mit Genuß schmecken und einatmen konnte. Das Rauschen des Windes fühlte ich an meinen Wangen mit Ergötzen, während ich es im Erdenkörper unangenehm empfunden haben würde. Als der Sturm furchtbar raste, wurde ich mir nicht bewußt, ich sollte eine Anstrengung machen, um zu verhindern, daß mich der Wind umwerfe. An einem sehr kalten Tage merkte ich nichts von der Kälte. Der Geistkörper fühlt Temperaturveränderungen nicht.

Man hat mich in meinem Geistkörper nach Indien, Südafrika und sonst allerlei Orte, nah oder fern, mitgenommen, aber immer hatte ich den Eindruck, es seien dabei nur wenige Augenblicke am Tage hingegangen. Im Geistkörper verliere ich das Bewußtsein für Zeit, während wir doch deren Flucht auf Erden merken, außer vielleicht, wenn wir sehr beschäftigt oder sehr glücklich sind. Engel sagten mir, daß es für sie Zeit nicht gibt wie für die Erdbewohner.
Bei unseren Unterhaltungen im Himmelsgarten kam die Rede auch oft auf meine Tageserlebnisse und deren Bedeutung für mich. Es war darum natürlich, daß ich, wenn ich einen verzweifelten Fall von Armut erlebt hatte, ihnen von den Beschwerden der Armut und der grauenvollen Unterdrückung durch harte, quälerische Arbeitgeber redete. „Es gibt mehr Elend auf Erden, als du merkst", sagte sie, „manche mißgeleitete Menschen werden völlig gefühllos in ihrer Gier nach Gold, und selbst kleine Kinder, ja Tausende von ihnen gehören zu den Opfern ihrer Habsucht. Komm mit, und ich will es dir zeigen." Die Szene wechselte. Wir waren in einer großen Stadt und standen vor einem sehr großen barackenähnlichen Gebäude, das, wie sie sagte, eine Zuckerfabrik war. Ich sah, wie viele Männer, die Arbeit gesucht hatten, vom Eingangstor wieder weggingen, während eine Menge Frauen und Kinder angenommen wurden. Wir gingen in die Fabrik hinein und durch sie. Und da sahen wir eine Menge kleiner Kinder, die sich hart abquälen mußten. Viele von ihnen waren unterernährt und kärglich bekleidet. Man sah, daß sie nichts von der Lebensfreude kannten, die doch das natürliche Erbanteil der Kindheit ist. Wie sie sich so über ihre Arbeit beugten und mit den dünnen Fingern fleißig arbeiteten, stieg mancher Seufzer auf von ihnen, und einige von ihnen weinten bitterlich. „Kann denn nichts getan werden, um gierige, hartherzige Männer zu hindern, kleine Kinder so arbeiten zu lassen wie diese?" – „Joy", antwortete sie, „die Männer, die das tun, sind unwissend – geistig unwissend –, was die schlimmste Art von Unwissenheit ist. Wahrlich, sie wissen nicht, was sie tun. Wenn sie erkennen könnten, welche Ketten sie für ihre eigene Seele schmieden und was sie für später für sich selbst vorbereiten, könnten sie sich

jetzt sehen, wie wir sie sehen und wie sie sich selbst sehen werden, wenn der Tod sie gefordert haben wird, dann würden sie lieber ihre Finger bis auf die Knochen abarbeiten und selbst die ärgste Armut erdulden, als diese kleinen Kinder zu versklaven, wie sie es tun. Aber Joy", fügte sie hinzu, „eines Tages werden diese Männer und manche andere zur geistigen Einsicht kommen und Engel sie unterrichten. Dann werden sich ihre Herzen wandeln, und sie werden große Freude dabei empfinden, kleine Kinder glücklich zu machen, denn derer ist das Himmelreich." Ich sagte, daß wir durch die Fabrik durchgegangen sind. Das war buchstäblich der Fall. Wir gingen durch die Wände und Absperrungen, wenn wir von einem Teil der Fabrik zu einem anderen wollten. Weder Steinmauern noch Stahlgerüste gaben unserem Fortschreiten auch nur den geringsten Widerstand. Damals, als ich noch nicht aus eigener Erfahrung den Unterschied zwischen dem irdischen und dem geistigen Körper kannte, hatte ich mich immer gewundert, wie denn die Engel bei verschlossenen Türen in die Häuser kommen und wie sie dieselben verlassen, wenn doch alle Ausgänge verschlossen sind. Was für uns auf Erden als feste Wände erscheint, ist einem geistigen Körper bei der Annäherung wie eine Nebelwand. Für Geister haben sie keine Dichte. Bei Besuchen im Geistkörper an verschiedenen Orten auf der Erde forderte der Engel mich gelegentlich auf, in ein Gebäude hineinzusehen, und ich fand, daß die Gebäude wie durchsichtig waren; ich konnte durch die Wände sehen und alles, was darin war. Erklären, ja, das kann ich nicht. Ich kann nur die Tatsache feststellen. Manches, was dem menschlichen Verstand als unlösbares Mysterium erscheint, ist, wenn man im Geistkörper ist, nicht geheimnisvoller als für uns die üblichen Vorgänge des täglichen Lebens. Wir empfinden es nicht als eine Überraschung, wenn wir von einer Steinmauer aufgehalten werden; und so ist es für jemand im Geistkörper keine Überraschung, wenn er auf seinem Weg nicht durch sie aufgehalten wird.

Wieder einmal erwartete ich die Dämmerung eines neuen Tages. Ich sah, wie die aufgehende Sonne den östlichen Himmel rosa färbte. Wie immer schien mir auch heute, als verkünde dieses erhabene Schauspiel die Liebe Gottes für alle Menschen. Meine Gedanken wurden auf die Menge gelenkt, die von dieser wunderbaren Liebe nichts weiß, die ihr Leben dahinlebt in geistiger Dunkelheit, die viel leidet und nicht weiß, wohin sie sich wenden soll um Rat und Hilfe. Großes Leid erfüllte mich, und aus meinem Herzen stieg ein Schrei auf, daß mir doch Weisheit und Stärke möge gegeben werden, damit ich etwas für sie tun könne. Da kam meine Mutter zu mir, umarmte mich und nahm mich an der Hand, um mich zu dem Himmelsgarten zu führen, wobei sie sagte: „Komm mit mir. Nun schau hin!“ sagte sie, indem sie nach unten zeigte. Ich sah auf eine große Stadt hinunter, und es war mir bewußt, daß wir in großer Höhe darüber waren; und doch konnte ich die Leute, welche sich in den Straßen drängten, so genau erkennen, als wäre ich unter ihnen, und der Straßenlärm tönte laut in meinen Ohren. Auf den meisten Gesichtern war der Hunger zu lesen, an dem ihre Seelen litten; aber bereitwillig hatte sich auch eine Menge Engel ihnen zugesellt. Bei fast jedem in der Menge da unten war eine dieser strahlenden Gestalten. „Wer sind denn diese Hellen da?“ fragte ich meine Mutter, „und was machen sie?“ – „Das sind einige von denen“, antwortete sie, „die, als sie auf der Erde lebten, auf verschiedene Art schwer geprüft wurden, so wie viele von denen, neben denen sie schreiten. Aber sie haben im Leben tapfer gekämpft und gesiegt. Nebenbei erwarben sie die Kenntnis, Erfahrung und Weisheit, welche sie befähigen, Hilfsengel zu sein für die, welche dieselben Kämpfe und Versuchungen durchzumachen haben, die sie selbst während des Erdenlebens zu bestehen hatten.“ – „Ja, und wie helfen sie ihnen, Mutter?“ fragte ich. „Indem sie sich bemühen, ihnen Gedanken der Geduld, des Mutes, an Gott einzuflößen. Indem sie suchen, ihnen Ideen ins Gemüt zu pflanzen, die in ihnen edlere Wünsche auslösen als nur die Befriedigung tierischer oder selbstsüchtiger Bestrebungen. Oft, sehr oft sogar leider ist ihr Bemühen vergeblich, da das Gemüt von denen, die sie beeinflussen möchten, zu verdunkelt ist durch düstere, selbstsüchtige oder erniedrigende Gedanken um das Licht zuzulassen, das die Engel ihnen bringen möchten. Aber die

Engel wachen und warten, bis sie durch irgendeine Öffnung in den dunklen Wolken einen erhebenden Gedanken durchbringen können. Vielleicht hilft ihnen dabei gelegentlich, wenn ihr Schützling durch Erleben einer großzügigen oder heroischen Tat, vom Lesen einer Stelle in einem guten Buche, beim Hören von Musik beeindruckt wird. Oft aber haben sie auch Erfolg, irrende Füße auf den rechten Weg zu leiten; oft auch gelingt es ihnen, in menschliches Denken Gedanken einzupflanzen, die keimen und Früchte bringen, die ihrem Leben einen edleren Auftrieb geben. Selten werden sich Männer oder Frauen bewußt, wie oft sie solche Eingebungen empfangen, die ihnen neuen Mut bringen und Hoffnung, des Lebens Bürden auf sich zu nehmen. Wenn den Leuten nur bewußt gemacht werden könnte, daß Engel da sind, die über sie wachen, immer eifrig bemüht, ihnen zu helfen, Versuchungen zu widerstehen, Selbstvertrauen zu erwerben, ihre geistigen Anlagen zu entwickeln, bleibenden Frieden da zu suchen, wo er nur gefunden werden kann, dann würden sie sich selbst bemühen um diese gottgesandte Hilfe. Die Menschheit würde dann für uns nicht mehr lange das traurige Schauspiel bieten wie jetzt." – „Ich sehe ein", sagte ich, „daß eine solche Kenntnis für die Menschheit zu großem Segen würde." – „Ja, mein Kind, der größte Segen wäre das. Du hattest heute morgen von Herzen gebetet, zu wissen, wie man etwas tun könnte gegen die Unwissenheit und für die leidenden Kinder. Diese Vision ist die Erfüllung deiner Bitte und um dich zu befähigen, der Menschheit die Botschaft zu vermitteln, die sie so dringend benötigt."

Einmal mehr war ich mit meiner Mutter im Himmelsgarten, als sie mich wieder bat, hinunterzusehen; und wieder erblickte ich die große Stadt unter mir. Aber diesmal war es Nacht, und die Straßen waren künstlich beleuchtet. In den Häusern, auf die mein Blick gelenkt wurde, brannten die Lichter hell. Ich sah viele Männer und Frauen dort eintreten. In ihrer Begleitung waren helle dienende Engel, aber auch Geister in dunkler Kleidung, deren Gesichter nicht strahlten, gesellten sich zu ihnen. „Wer sind denn diese Dunklen, Mutter?" fragte ich. „Sie gehören zu denen, die während des Erdenlebens den

Versuchungen unterlagen und die dadurch herunterkamen und erniedrigt wurden", antwortete sie, „und nun lehnen sie noch die göttliche Liebe für ihre Seelen ab, versuchen, andere zu dem zu machen, was sie selbst auf Erden waren, denn es ist noch ihre Freude, übel zu tun." Ich beobachtete einige der Dunklen. Ich bemerkte, daß sie besonders zahlreich waren bei ausgedehnten Zechgelagen, und wenn einige in diesen Gruppen zornig wurden und Streit anfingen, kam ein Ausdruck wilder Freude in die Gesichter der Dunklen, sehr ähnlich dem, was ich auf den Gesichtern von einem halben Dutzend Männer niedriger Art gesehen, die sich ergötzten bei der Beobachtung zweier Hunde, die sich wild anfielen. Wenn ein Mann betrunken fortging, kamen eine oder mehrere dieser dunklen Gestalten mit ihm, und manche von ihnen standen an den Türen und eine oder mehrere von ihnen gingen mit den meisten Männern und Frauen hinein. Ich beobachtete das Wirken der hellen Engel. Sie schienen einige davon abhalten zu können, die an der Tür gezögert hatten. Ich sah, wie einer von ihnen einem Mann die Hand auf die Schulter legte, und dieser, der gerade ein Glas am Schanktisch genommen hatte, schien sich plötzlich an etwas zu erinnern und verließ den Platz. Ich sah auch einen anderen einem Manne die Hand auflegen, der gerade ärgerliche Worte ausgestoßen hatte, in dem Augenblick sich aber an etwas erinnerte und die Gruppe der Streitenden verließ. Aber oft sah ich auch, daß die Hellen keinen Einfluß gewinnen konnten auf die, denen sie helfen wollten, und das machte sie traurig. Mein Vater gehörte zu denen, die für dieses Rettungswerk bestimmt waren. Ich sah, wie er ein Dutzend Männer, einen nach dem anderen, fortführte und auf den Heimweg brachte, wobei er jeden ein kleines Stück Wegs begleitete und dann zu seiner Arbeit zurückkehrte. Ich war sehr stolz auf ihn, noch mehr, als wenn in früheren Jahren, bevor er von mir genommen wurde, ein Freund von ihm mir von seinen Heldentaten während des Aufstandes in Indien erzählte.

Als die Vision vorbei war, sprachen mein Schutzengel und meine Mutter mit mir über das, was mir gezeigt worden war. Sie sagten mir, es sei ein Irrtum vieler auf Erden, zu glauben, daß die, welche nach dem Tode Engel werden, in eine Sphäre einträten, wo sie von aller

Arbeit befreit ihr Leben damit verbrachten, in glückseliger Ruhe Gott zu preisen. Jeder von den Engeln arbeitet und findet seine Freude darin, Gottesdienst zu tun. „Wie könnten wir wohl glücklich hier sein“, sagte meine Mutter, „wo wir wissen, wieviel Elend und geistige Unwissenheit es auf Erden gibt und daß wir die Kraft haben, den Sündern, Umnachteten und Leidenden beizustehen, und würden diese Macht nicht ausüben? Etliche von uns wirken nicht allein auf der Erde, um der Menschheit aufzuhelfen, sondern auch in den tieferen Sphären, um denen zu helfen, die in ihrem irdischen Dasein ermangelten, aus dem Leben die rechte Lehre zu ziehen. Da tun manche Engel das, was man auf der Erde mit Missionsarbeit bezeichnen würde, und zwar unter den üblen Geistern, die, wie du gesehen hast, Männer und Frauen für das Verderben ködern wollen.“ – „Gerade in der Arbeit, die wir nach dem Tode leisten können“, sagte mein Schutzgeist, „finden so manche reichen Ausgleich für die Bürde, die auf Erden auf uns lag und oft so schwer zu tragen war. Hier merken wir, daß oft die Lektionen, die uns auf Erden am schwersten fielen, und fähig machte, jetzt denen auf der Erde zu helfen, die ähnlich durchmüssen. Ich war, wie du weißt, auf Erden lange Jahre eine Ganzinvalide. Diese Erfahrung war es, die mir das Wissen brachte und die Kraft, vielen zu helfen, die im Krankenbett liegen, geplagt von Schmerz und Mühsal. Ich gehe an manches Bett, und es gelingt mir manchmal, ihnen Gedanken zu vermitteln, aus denen sie Geduld, Mut, Hoffnung und Glauben in Gott nehmen. Da bin ich des froh, daß ich auf Erden eine große Leidende war.“ Jedem Menschenwesen ist, wie sie mir sagte, ein Schutzengel beigegeben, dessen besondere Aufgabe es ist, über diese Person zu wachen und sich zu bemühen, ihr zu helfen, Versuchungen zu widerstehen und ein gutes Leben zu führen – ein Leben, das zu einer gesegneten Vergeltung führt. „Aber wie kommt es?“ fragte ich meinen Schutzengel, daß ein Engel so hingebend über jemand wachen kann, wie du über mir und auch noch andere betreuen?“ – „Weil, Joy, es gar nicht notwendig ist, daß ein Schutzengel immer bei denen ist, die er beauftragt ist zu betreuen, um zu wissen, was sie tun oder was sie denken. Wo immer ich auch bin, ob im, wie du sagst, himmlischen Garten oder irgendwo weit weg auf der Erde, wo du lebst, deine Gedanken erreichen mich, und wenn die Umstände meine Hilfe erfordern, dann bin ich wie ein Lichtpfeil an deiner Seite." – „Betrübt es die Engel, die auf Erden in Unruhe und Verzweiflung zu sehen, welche sie lieben?" fragte ich. – „Gelegentlich schon", sagte meine Mutter, „aber nicht so sehr wie Erdenbewohner, weil wir hier sehen, was die auf der Erde nicht sehen können, wie oft nämlich Kämpfe mit Sorgen und Schwierigkeiten den Charakter stärken, die geistige Natur entwickeln und das beste aus der Persönlichkeit herausholen. Unser Blick geht eben über das Grab hinaus, und wir erkennen, was manche hier erwartet, die für irdische Augen mit Unglück überhäuft sind. Manche von denen, die bei euch zu den Elenden, Verlorenen gezählt werden, gelten bei uns zu den edelsten Siegern, weil, wie arm auch an irdischen Gütern, sie ihre Seele mit den Dingen bereichern, die unverweslich sind. Manche aber, die auf Erden brillante Erfolgsleute galten, sind bei uns Gescheiterte, weil, wie groß auch ihr Besitz war, sie sich hier mit einer verarmten Seele zeigen. Für unser Sehen sind die Kleider und die, welche sie tragen, nicht undurchsichtig wie für körperliche Augen, wir sehen die geistige Natur. Die irdischen Menschen sind unverwesliche Geister wie wir, und so sehen wir sie. Sie sollten versuchen zu erkennen, was sie wirklich sind und sich nicht für Wesen halten, deren Leben mit dem Tode aufhört. Dann würden viele ihre Gedanken weniger auf materielle Dinge richten, sondern diese immer nach ihrem wirklichen Wert einschätzen und erkennen, daß Armut und Reichtum im wahren Sinne des Geistes sind." Damals verstand ich nicht die ganze Tiefe dieses Ausspruchs. „Armut und Reichtum sind des Geistes", und wie weit das Bezug hat auf unser hiesiges Leben. Das machte mir in der Folge ein Engel, dem ich für viele Aufklärungen sehr verpflichtet bin, klar, indem er mir folgende Geschichte erzählte: „Ein junger Mann ging mit sich zu Rate, was er aus sich selbst machen solle, und er beschloß, daß er ein sehr reicher Mann werden wolle, weil er annahm, daß man mit reichen Mitteln alles haben könnte, was das Leben lebenswert macht. Um das zu erreichen, setzte er sich mit aller Kraft und einzigartiger Hingabe ein und erreichte sein Ziel, denn er war mit reichen Gaben ausgestattet und mit einer Konstitution gesegnet, die auch den Anstrengungen andauernder Arbeit widerstand. Als er sich den sechzig näherte, zog er sich von den Geschäften zurück mit dem Gedanken, nun in der Fülle zu genießen, was für ihn mit Geld zu kaufen wäre. Er erwarb einen großen Besitz und baute darauf ein prunkvolles Haus. Er berief gescheite Männer und tüchtige Handwerker, und die machten aus seinem Hause einen Musentempel und aus seinen Ländereien einen Traum von Forst- und Gartenschönheit. An gewissen Tagen war seine Besitzung für das Publikum geöffnet. Unter den Besuchern sah ich eines Tages einen Mann, der nach dem Urteil der Welt sein Leben verfehlt hatte, weil er mit 55 Jahren noch hart und für einen kärglichen Lohn arbeiten mußte, so daß er nur ganz wenig auf die Seite legen konnte. Als er in die Besitzung eintrat und sah, wie lieblich sie war, stieg ein Dankgebet zum himmlischen Vater aus ihm auf, denn er hatte eine für das Schöne empfindsame Seele, und Schönheit war für ihn einer der vielen Beweise für Gottes Güte. Er wußte es zwar nicht, aber mit ihm waren da Engel, und da er eine sehr empfängliche Seele hatte, konnten sie ihm heilige und erhebende Gedanken eingeben und ihm die Botschaften der Vögel, der Bäume, der Blumen, der Bäche und Lichtungen deuten, so daß alles zu ihm sprach von der Liebe Gottes. Friede und Freude kam über ihn, und er spazierte einige Stunden in dem herrlichen Besitz. An diesem Tage fühlte er sich reich. Während nun er in dem Fest von Schönheit schwärmte und für seine Seele Erholung fand, beobachtete ich den Eigentümer dieser Besitzung. Er ging in seiner Bibliothek auf und ab, mißmutig, ein Raub von Unzufriedenheit und Niedergeschlagenheit, denn seine Besitzungen hatten ihm nicht das Glücksgefühl gebracht, das er von ihrem Besitz erwartet hatte und für den er doch so freigebig seine Mittel ausgegeben hatte. Der Gedanke kam in ihn, daß er, der jede Sache, die Menschen begehren, kaufen könne, Glücksgefühl nicht kaufen könne. Er war beunruhigt, denn auch er suchte, wie alle anderen, Glückseligkeit. Und er konnte nicht herausfinden, wie er dazu kommen könnte. Die

Jagd nach Vermögen hatte in ihm nur eine Seite seiner Natur zur Auswirkung gebracht. Die andere, die spirituelle Seite, deren Entwicklung so bedeutende Früchte gebracht hätte, blieb unentwickelt. Er war — und darauf war er stolz — ein äußerst praktischer Mann geworden. Er glaubte auch nur an das, was er mit den fünf Sinnen erfassen konnte. Die Blumen, Bäume, Vögel und all die anderen Schönheiten, die er um sich herum anstaute, hatten seiner Seele nichts zu sagen. In dieser dunklen Stimmung kam ihm nie der Gedanke an ein Gebet um Hilfe und Führung. Gott war für ihn das große Vielleicht. Die Stelle der Schrift, die so oft als eine tiefe Wahrheit erwiesen wurde ‚In all deinen Wegen erkenne Ihn, und Er wird deine Schritte leiten' sagte ihm nichts. Die Engel konnten ihm keinen Dienst zuteil werden lassen, denn er hatte alle Zugänge zu seiner Seele, über die sie sich ihm hätten nähern können, verschlossen. Klug in seinen eigenen Belangen, war er doch, so wenig er das auch vermutete, ein wirklich armer Mann."

Wohl die meisten Menschen mit strebender, ernster Natur haben die Erfahrung gemacht, daß sich in gewissem Maße die tiefsten Wünsche ihrer Seele kund tun. Die Zweifel und Verworrenheiten, mit denen sie sich lange herumgeschlagen haben, vergehen. Die Unruhe lastet nicht mehr länger auf ihnen, und etwas von dem Frieden, der über allem Verstand ist, kommt zu ihnen. Sie entdecken, daß sie ohne Kampf, ohne bewußte Anstrengung bekommen haben, wonach sie sich so lange sehnten. In der geistigen Atmosphäre, in die sie verbracht scheinen, schweigen alle die kreischenden Mißtöne des Erdenlebens, und eine tiefe Befriedigung erfüllt sie, sie können keine Gedanken der Not festhalten; sie kennen keinen Neid; sie haben auch keine Rachegefühle mehr gegen die, von denen sie am meisten geplagt wurden. Zu solchen Zeiten strahlen gerade die, welche als Durchschnittsmenschen gelten, verändert und verklärt und strahlen einen wohltuenden Einfluß aus auf alle, die in ihrer Nähe sind. In solcher Stimmung fühlen sie, sie hätten den tonlosen Botschaften zu lauschen, von irgendwoher außer ihnen und dabei Stärkung für ihre Seele zu finden. Dann dienen die Engel denen, die hungerten und dürsteten nach der Gerechtigkeit einen Vorgeschmack auf den Himmel. Solche gesegneten Augenblicke wären häufiger, wenn die, welche geistige Erleuchtung suchen, das begriffen und lernten, wie man Engelhilfe haben kann. Die Bewohner des Himmelsgarten besitzen diese heitere Fröhlichkeit in höherem Maße und immer. Es ist der Dauerzustand dieses Gemütszustandes, der mir bei denen auffiel, die ich dort als Engel wiedersah. Ich möchte die Fähigkeit haben, so zu beschreiben, daß andere es verstehen könnten, die wundervolle Lieblichkeit, die Zartheit, die Dienstfertigkeit, die geistige Kraft bei allen denen, die, wie verschieden auch ihr Erdenlos gewesen sein mag, die große Wandlung durchgemacht haben. Wenn ich zum Beispiel N. beschreiben könnte, von dessen traurigen Prüfungen ich etwas in diesen Blättern erwähnte, wie er jetzt ist und wie ich ihn sah, das gäbe neue Hoffnung und neuen Mut für so manche Schwerbelastete, die wie er auf der Erde mit bitterer Armut und herzbrechenden Sorgen zu kämpfen haben. Als ich während meiner Spitalzeit in den Slums pflegte, hörte ich oft von einem jungen Kurator, der sich als Arbeitsfeld den schmutzigsten Teil der City gewählt hatte. Dort sprachen die armen Leute von ihm als ‚Der Mann', mit der Betonung des Der, um ihn von allen anderen Männern, die sie kannten, zu unterscheiden. Als ich zu ihm ging, um ihn auch kennenzulernen, erkannte ich die Berechtigung auf den Titel, den man ihm gegeben hatte. Ich habe seither manchen guten Mann angetroffen, wovon einige sich im Dienste der Kirche und andere auf verschiedenen Wegen des Lebens hervortaten, aber er bleibt doch in meiner Erinnerung als „der" Mann.

Groß, gutgewachsen, athletisch, schön, hätte er überall Aufsehen erregt. Aber es war seine Seele, die ihn zu „der" Mann machte. Er schien sich selbst von jeder Spur von Selbstsucht zu befreien. Ganz Herz und Fröhlichkeit widmete er seine großen Gaben aller Art dem Dienste des Meisters unter der Bevölkerung der Slums. Nie war ein Mann freier von irgendeiner Art Scheinheiligkeit wie er. Bei ihm stimmten Worte und Taten immer überein. Er brachte immer ein Etwas mit sich, das schon allein als vertrauenswerte Männlichkeit wirkte. Selbst die, welche am tiefsten gesunken waren, konnten ihm nicht den Respekt verweigern. Manches menschliche Wrack hob er auf und machte wieder einen Menschen daraus. Sehr beliebt war er auch unter den Armen. Wenn irgendein Streit unter ihnen war, wegen Recht oder Unrecht, so genügte die Feststellung, daß der Mann so oder so gesagt hatte, um ihm ein Ende zu bereiten. Ich verlor dann seine Spur kurze Zeit nachdem ich das Spital verlassen hatte. Nie hörte ich seinen Namen nennen unter den Würdenträgern der Kirche, aber oft dachte ich, wie ruhmvoll seine Bewertung sein werde bei seinem Empfang im Himmel. Da erfuhr ich durch einen Seekapitän, der diesen Mann zur gleichen Zeit gekannt hatte wie ich, und der auch seit Jahren im Himmel seinen Ruhehafen gefunden hatte. Als zwei Engel ihn, dessen Leben vor einigen Augenblicken aufgehört hatte, brachten, war der Heiland zugegen, er legte eine Hand auf dessen Haupt und sagte: „Wohlgetan, guter und getreuer Knecht! Willkommen zu Hause!“ Und die Menge der Engel nahm den Ruf auf: „Willkommen daheim! Willkommen daheim!“ Der Lebenskampf bringt Narben und schmerzhafte Wunden, die selten hier heilen, wohl aber dort. Und dort gibt es auch keine Betrübnis in Erinnerung an die Nöte und Sorgen, die hier tapfer ertragen wurden. Die Engel sehen sie als Erfahrungen an, die reiche Belohnung gebracht haben, weil sie befähigten, anderen in ähnlichen Nöten beizustehen. Im Alten und Neuen Testament finden sich manche Berichte über den Verkehr zwischen Engeln und menschlichen Wesen, und an keiner Stelle wird über solche Vorfälle berichtet, als gingen sie so weit über gewöhnliche menschliche Erfahrung hinaus, daß sie als unglaubwürdig erscheinen könnten. Im Gegenteil, und viele Christen sehen die Erzählungen der Schrift als Feststellung von Begebenheiten an. Das ist auch in kirchlichen Gesängen ausgedrückt, so zum Beispiel in einem englischen Kirchenlied, das in der Übersetzung lautet: „Sie kommen, Gottes Boten der Liebe, sie kommen aus dem Reich des Friedens, da oben, von den Stätten immerwährenden Lichtes, von immerhellen Wohnungen der Seligen. Sie kommen, um bei uns zu wachen ...“ Und doch, so eifrig manche Christen sich an diesem Gesang beteiligen, glauben sie doch in Wirklichkeit nicht, genau wie die gröbsten

Materialisten. Es wird ein herrlicher Tag sein, wenn die Kirchen und andere Verkünder des Evangeliums ihren Glauben an den Dienst der Engel verkünden und sich auch ihm selbst anvertrauen.
Wie mir Engel erzählten, treten alle Geister nach dem Tode in eine Daseinssphäre ein, die ihrem eigenen Zustande entspricht, und zwar in Übereinstimmung mit einem Gesetz, dem alle Geister unterworfen sind und das man vergleichen kann mit dem physikalischen Gesetz der Schwere. Gemäß dem Leben, das man hier geführt hat, bestimmt sich, wohin man nach Verlassen des Körpers steigt oder fällt. War das Leben hier gut, so geht der Geist zu einer Sphäre, wo er Ruhe und Glückseligkeit sowie Anregung zur Weiterentwicklung findet. Bei dem Gegenteil geht er in eine Sphäre, wo er leidet. Der Geist erntet immer, was er gesät hat. Wie es verschiedene Sphären gibt, die den verschiedenen Bedürfnissen der Weiterentwicklung angepaßt sind, so gibt es auch andere in Anpassung an ihren rückständigen Zustand. Von den beiden letzteren habe ich zwei sehen dürfen.
In meinem Geistkörper erblickte ich einen Lichtpfad, an dem ein heller Engel mir winkte. Ich ging diesen Fußweg entlang und kam an den Rand eines großen Waldes. Es herrschte da ein Licht, wie man es oft in London an einem düsteren, nebligen Winternachmittag sieht, wenn die Sonne hinter tiefliegenden, regengeladenen Wolken versteckt ist und Türlichter angezündet sein müssen, damit man sich zurechtfinden kann. Der Wald machte einen äußerst dunklen und niederdrückenden Eindruck. Zwischen den Bäumen irrten Geisterformen zu Tausenden dahin, Männer und Frauen verschiedenen Alters. Welcher Unterschied zu den Engeln in dem Himmelsgarten! Dort jedes Gesicht Friede und Freude und hier der Ausdruck von tiefer Unruhe, Elend und Hoffnungslosigkeit, und während der Himmelsgarten widerhallt von Lobgesängen, waren die einzigen Töne, die aus dem düsteren Walde kamen, Seufzer und Klagen, die aus der Schar der unglücklichen Geister aufstiegen. Ihre Kleider waren dunkel, meist schwarz. Alle schienen unaufhaltsam etwas suchen zu müssen, was sie nicht finden konnten. Ihr Verhalten erinnerte mich etwa an Leute auf Erden, die etwas suchen, das sie verloren haben, aber nicht

wissen, wo sie es finden könnten. Sie huschten zwischen den Bäumen hin und her, eifrig danach ausschauend, dann aber wieder zögernden Schrittes, als hätten sie die trügerische Hoffnung, sie seien in die Nähe des gesuchten Gegenstandes gekommen. Sie hörten dann auf zu klagen, weinen und seufzen. Das war aber immer nur für einen kurzen Augenblick. Die Hoffnung, wenn es Hoffnung war, verschwand meist sofort wieder. Das angstvolle Suchen, die Schreie und verzweifelten Bewegungen begannen wieder. Wenn zwei oder drei zufällig für einen Augenblick sich in derselben Richtung bewegten, begannen sie, soweit ich beobachten konnte, eine Unterhaltung. Jeder war anscheinend so mit seinem Leid beschäftigt, daß er von niemandem sonst Notiz nahm. Auf Erden sucht Elend, Genossen; davon war hier nichts zu bemerken. Ich beobachtete diese Geister längere Zeit, denn ich hätte gern gewußt, was sie erwarteten. Da bemerkte ich, daß einer von ihnen sich mir genähert hatte. Aus seinen Zügen ersah ich, daß er ein Mann mittleren Alters gewesen war, als er starb, und offenbar auch sehr intelligent gewesen war. Ich wandte mich zu ihm und sagte: „Können Sie mir sagen, was die alle hier so eifrig und ängstlich suchen?" Er sah mich an wie jemand, der sehr erstaunt ist, und fragte: „Wie kommen Sie hierher?" Ich sagte ihm, daß ich einem Fußweg von hellem Licht gefolgt sei. „Oh, heller Geist", sagte er, „das ist es, was wir hier erwarten – Licht, Licht, wo wir wieder die Möglichkeit finden können, das zu tun, was wir auf Erden versäumten. Nützliches, Gutes zu tun und zu lieben. Aber uns allen, die wir hier suchen, immer suchen wir den verlorenen Seelenfrieden und die Ruhe, und wir finden sie nimmer. Oh, heller Geist, hilf uns, denn wir sind in Qual. Wir mühen uns andauernd, aber wir erreichen nichts. Wir möchten gerne mit denen sprechen, die wir auf der Erde zurückließen, aber wir können sie nicht erreichen. Wir möchten sie ermahnen, doch ihre meiste Zeit, ihre Gaben und Gelegenheiten zu benutzen, um anderen Gutes zu tun und nicht nur Befriedigung zu suchen für ihre eigenen, selbstsüchtigen Wünsche. Wir möchten sie ermahnen, von der Freiheit Nutzen zu ziehen, die den Menschen auf Erden gewährt ist, und weise zu wählen, denn diese

Möglichkeit der freien Wahl finden sie hier im Reiche der Schatten nicht. Hier sind alle Dinge ausweichend. Wenn man die Hand ausstreckt, um das zu fassen, was man sucht oder wünscht, wird es zurückgezogen, und immer wieder muß man suchen gehen und sich bemühen, ohne es je zu erreichen, endlos. Denke, was das bedeutet! Hoffnungslos. Wenn Menschen auf der Erde der Hoffnung beraubt würden, sie versänken in tiefste Verzweiflung." Die Hände ringend und stöhnend ging er wieder in den Wald zurück, um fortzufahren, das zu suchen, was er doch nie finden konnte. Dann befand ich mich plötzlich wieder im hellen Sonnenschein der Außenwelt. Ein großes Mitleid mit diesen Unglücklichen erfaßte mich, und ich sank auf die Knie und bat, ob mir eine Möglichkeit gegeben werden könne, diesen Unglücklichen zu helfen, und ich dachte dabei an die Hilfe, welche der Heiland den Geistern in der Gefangenschaft gebracht hatte. Mein Schutzengel kam mir zur Seite, nahm mich an der Hand, und wir stiegen zusammen in den Himmelsgarten auf. Ich erzählte ihm, was ich gesehen hatte.
„Komm mit mir und ruhe eine Weile", sagte er und brachte mich zu seinem Ruheraum. Wie verschieden die Atmosphäre gegen die in dem traurigen Unterweltwald. Trotzdem, was mir der arme Wicht gesagt hatte, der mich händeringend und seufzend verlassen hatte, konnte ich nicht glauben, daß deren Los für immer vollständig hoffnungslos sein sollte. Mein Schutzgeist erriet meine Gedanken. „Joy", sagte er. „Für jene unglücklichen Opfer ihres selbstgeschaffenen Wahns kommt eine Zeit, für jedes ganz verschieden, wo sie Gelegenheit bekommen, sich um ihre eigene Rettung zu bemühen. Dann werden auch sie Ruhe finden."

Wieder war ich über einen Lichtpfad zu dem trüben Wald in der Unterwelt gekommen. Diesmal aber schien ich weiter hineingekommen zu sein. Ich stand am Rande einer tiefen Schlucht, in dem weit unten ein reißender Fluß von tintenschwarzer Farbe strömte. Bei meinem ersten Besuch in dieser dunklen Gegend war meine Seele erschüttert worden durch die offenbar hoffnungslose Lage der Gestrandeten, die sich hier aufhielten. Jetzt aber sollte ich erfahren, daß Gott sie nicht verlassen hat, und daß gerade hier seine Lichtengel eintreten und den Opfern ihrer eigenen Selbstsucht und versäumten Gelegenheit auf Erden beistehen dürfen. Auf dieser Seite des Stromes, wo ich stand, bemerkte ich Tausende von dunkelfarbigen Geistern, die zwischen den Bäumen nach dem herumsuchten, was sie doch nie finden würden, und dabei die Luft mit Klagen erfüllten. Ich hatte den Eindruck, daß der Strom ein Tränenstrom war, vergossen von den Legionen von Elenden, die seit undenklichen Zeiten durch die Pforte des Todes in diesen düsteren Wald hinabgestiegen waren. Auf der anderen Seite sah ich keine zwischen den Bäumen herumirrende Geister und hörte auch von dort keine Klagen. Gerade mir gegenüber war ein heller Engel, den ich als meinen Bruder erkannte. Um ihn herum war eine Gruppe dunkelfarbiger Geister, aber sie hatten aufgehört zu jammern und schienen auch nicht mehr zwecklos zu suchen. Mein Bruder kam zu mir, und ich fragte ihn, was das für Geister seien um ihn herum. „Das sind Geister", sagte er, „die durch ihre echte Reue über das, was sie auf Erden an Missetaten begingen, und durch ihr aufrichtiges Verlangen, andere, die mit ihnen zusammenlebten, zu warnen, den Eintritt in eine andere Sphäre erreicht haben, wohin ich sie führe. Da können sie an ihrer eigenen Rettung arbeiten, und wenn sie durchhalten, steigen sie von Stufe zu Stufe, bis sie dann auch dienende Engel im Himmel werden." Ich erzählte ihm, was der Geist, den ich bei meinem ersten Eintritt in den Wald traf, sagte. „Vielleicht ist er schon vorher in die Sphäre gebracht worden, wohin ich die bringe, die ich erlöst habe", sagte mein Bruder, „denn unser sind viele, die dieser Arbeit zugeteilt sind. Wenn er aufrichtig sprach, hat er offenbar den Geisteszustand erreicht, der für diese Unglücklichen eine neue Möglichkeit zum Aufstieg bedeutet. Aber er war im Irrtum, wenn er annahm, daß alle Unglücklichen hier besorgt seien, ihre Freunde zu warnen, die dasselbe Leben führen, wie sie es taten. Unglücklicherweise sind die meisten hier weit davon entfernt, so zu denken; sie sind noch äußerst selbstsüchtig. Sie fühlen keine Sorge für die, welche sie auf Erden mißleiteten. Die denken nur an sich selbst. Sie vergießen Tränen nur wegen ihres eigenen Elends. Ihr begreift wenig davon, bis zu welcher Tiefe der Selbstsucht, Gottlosigkeit und Verderbtheit einige Naturen auf Erden sinken können. Aber wir, die wir uns um solche hier bekümmern, wir wissen Bescheid, denn wir lesen ihre Gedanken. Und wenn wir darin etwas lesen, und wenn wir darin eine Bereitschaft erkennen, ihre Selbstsucht aufzugeben, ihre Missetaten und die versäumten Gelegenheiten zu bereuen, dann gehen wir an sie heran und versuchen, ihre dunklen Begriffe aufzuhellen, ihnen zu sagen, daß noch eine Hoffnung für sie besteht, sprechen ihnen von Gott und seiner wunderbaren Liebe und ermutigen sie, Anstrengungen für einen geistigen Fortschritt zu machen, bis sie soweit sind, daß wir sie von diesem unglücklichen Platze fortführen dürfen. Denn nie ist es der Wille des liebenden Vaters, daß eines seiner Kinder, und wie heruntergekommen es auch sein mag, in alle Ewigkeit Elend und Qualen erdulden soll. Immer, ja, immer gibt es einen Pfad, auf dem sie, wenn auch der Gang für manche von ihnen lang, anstrengend und schmerzvoll sein muß, zu ihm zurückkehren können.“ Daß üble Geister auf der Erde Menschenwesen zum Bösen verführen, hatte mich sehr bestürzt, und ich hatte meinen Bruder gefragt, ob ich dafür eine Erklärung bekommen könne. „Wir sind noch weit davon entfernt, alle Wege Gottes zu verstehen, und das noch weit weniger, solange man noch auf Erden weilt. Laß dir genügen, zu wissen, daß nach einem guten und weisen Plan – der dir die Liebe Gottes verkündet – schlechten Geistern ab und zu gestattet wird, auf die Erde zurückzukehren und da frei zu wählen, was sie tun wollen, damit sich zeigt, wieweit Samen der Reue in ihren verdunkelten Seelen Wurzel gefaßt haben.“

Meine Engelgäste waren eines Nachts noch lange bei mir, als mein Bruder sagte: „Ich muß bald fort, denn es wartet Arbeit auf mich. Ich werde einige der Geister erreichen, welche ich habe befreien dürfen aus der Unterwelt, in eine höhere Sphäre bringen.“ Ich drückte den Wunsch aus, ihn begleiten zu dürfen, um etwas über den Aufstieg kennenzulernen. „Das kannst du schon“, sagte er, „vielleicht bist du imstande, mich diese Nacht zu begleiten.“ Es ist fast immer so, daß erst dann mein Geistkörper in andere Sphären steigen kann, wenn ich in tiefen Schlaf gefallen bin. Wie lange ich schon geschlafen hatte, weiß ich nicht, aber wieder einmal gelangte ich über den Lichtpfad in den düsteren Wald. Auch diesmal bemerkte ich Tausende von dunklen, jammernden und wehklagenden Geistern. Unter einem, wie es mir schien, unsichtbaren Einfluß, ging ich durch den Wald und kam zu dem Tränenfluß, von dem ich schon berichtete. Auf der anderen Seite war mein Bruder, und um ihn geschart waren etwa dreißig Geister, die in ihrer dunklen Kleidung einen auffallenden Gegensatz bildeten zu seiner strahlenden Erscheinung. Mein Bruder kam zu mir und holte mich zu der wartenden Gruppe. In ihrer allgemeinen Erscheinung glichen sie denen in dem Wald, von denen ich herkam und deren Klagen ich noch hören konnte; aber ihre Gesichter zeigten Erwartung an Stelle von Verzweiflung. Sie waren ruhig und nicht mehr vom Dämon der Unruhe besessen. Wir machten, wie mir schien, einen langen Weg, ich neben meinem Bruder und die Geister uns folgend. Bald begann der Pfad aus dem Pfühl stark aufwärts zu steigen, und so ging es fort, bis wir am Ende der Reise angekommen waren. Auf der Erde würde eine solche Reise sehr ermüdet haben, aber in meinem Geistkleid hatte ich kein Gefühl für Müdigkeit. Die Atmosphäre, die unten dick, muffig und drückend war, nahm nach und nach ein helleres Grau an, das Laub der Bäume wurde dichter und grüner und das Gras grüner. Zuletzt gelangten wir auf eine weite, bewaldete Hochfläche. Im allgemeinen war sie ähnlich wie die Wälder in der gemäßigten Zone an einem bedeckten Tag, wenn der graue Himmel die Sonne verdeckt, aber es waren Vögel da, die schön sangen. In dem Raum, den mein Blick erfassen konnte, waren Tausende von Geistern. Man hörte klar heraus, daß hier die Sündenlast viel weniger auf ihnen lag als auf den Verzweifelten in dem düsteren Wald, von dem wir kamen. Gekleidet waren sie mattgrau, wie die, die uns gefolgt waren. „Es ist gut, da zu sein, wo die Vögel singen", hörte ich einen von ihnen rufen. Andere drückten ihre Freude aus über das Grün der Bäume und Pflanzen, oder sie weinten Tränen der Freude. Einer langen Straße im Wald entlang sah ich eine Reihe kleiner niedriger Gebäude, mehr Hütten ähnlich. Sie waren alle gleich und von grauer Farbe. „Das sind Ruheorte für die, welche hier leben", erklärte mir mein Bruder. „Dahin können sie sich zurückziehen für Meditationen und Verkehr mit den Geistern, welche sie betreuen. Da, woher wir kamen, gibt es das nicht, denn es gibt da keine Ruhe." Ich sah in eine Hütte hinein. Es war ein einziger, kleiner, leerer Raum, von gleicher Farbe wie das Äußere. „Welch ein Unterschied zu den herrlichen Räumen im Himmelsgarten!" rief ich aus. – „Dieser Unterschied", sagte mein Bruder, „ist bezeichnend für den Unterschied im geistigen Zustand der Bewohner." Ich sah in dieser Sphäre keine Blumen, hörte auch nicht jene Ausbrüche von Lob und Dank, die mich im Himmelsgarten so entzückt hatten. Die einzigen Gesänge, die ich hier hörte, waren die der Vögel. „Diese Sphäre", sagte mein Bruder, „ist die erste Sphäre zwischen der, von der wir aufgestiegen sind, und den himmlischen Sphären. Die Geister hier haben ein weit besseres Los als die in dem düsteren Wald. Hier sind sie der Belehrung und Führung durch Engel himmlischer Sphären mehr zugänglich, der Engel, die ihnen dienen und ihnen bei dem geistigen Fortkommen helfen, denn aller Fortschritt ist spiritueller Art. Von Zeit zu Zeit, wenn sie für eine solche Arbeit gerüstet sind, wird ihnen erlaubt, in die Unterwelt zu gehen, die du gesehen hast, und gewissen Sündern zu dienen. Dabei wird ihnen geholfen, sich selbst von der Selbstsucht zu befreien, die das größte Hindernis ist für geistiges Wachstum." Ich drückte ihm meine Freude aus, daß es ihm gelungen sei, so viele aus der Unterwelt zu befreien. „Ich freue mich auch, daß ich fähig gewesen bin, solche Arbeit im Dienste Gottes zu tun", antwortete er, „aber täglich kommen von eurer Welt in Sünden verstrickte Seelen durch die Pforte des Todes in die dunklen Unterwelten. Am meisten liegt uns daran, in eurer Welt das Licht – die Erkenntnis – sich ausbreiten zu sehen, durch das viele von dem sündigen, gottlosen, selbstsüchtigen, gottverlassenen Leben abgehalten würden, das sie nach dem Tode in einen solchen Zustand von Elend und Unglück bringt; denn nach dem Tode muß sich das Gesetz erfüllen: ‚Wie du säest, so wirst du ernten!' In der düsteren Unterwelt ist es schwerer – viel schwerer – gottlose Sünder auf den rechten Weg zu bringen, als in der Welt, wo sie ihr Körperleben zubringen. Wenn man ihnen das begreiflich machen könnte, würden sie wohl schwerlich versäumen, sich selbst für das ewige Leben vorzubereiten."

Oft bin ich mit meinem Geistkörper aufgestiegen zu dem, was die Engel Höfe des Lichts nennen. Während ich aber bei meinen Besuchen im Himmelsgarten von einem Engel, meist meinem Schutzengel – bewußt mitgenommen wurde, wurde mir eine Mitnahme zu den Höfen des Lichts nicht bewußt. Es war wie ein plötzliches Erwachen dort neben meinem Mentor-Engel. Schon bevor ich ihn dort traf, war dieser Engel, der wirklich einer der weisesten und treuesten Ratgeber in geistigen Dingen ist, bei mir erschienen und hatte mich belehrt. Er war es auch, der mir den Spruch erklärte, den ich im vorigen Kapitel anführte: „Armut und Reichtümer sind des Geistes." Als ich mich das erste Mal in den Höfen des Lichts fand, stand ich mit dem Mentor mitten in einem großen Hof oder Anlage. Ein schöner weißer Springbrunnen mit drei Schalen übereinander endete in der denkbar anmutigen Statue eines nackten Mannes. Der rechte Arm hält über dem Kopfe einen Siegeskranz. Ein Sprühregen fällt mit melodischem Klingen in die Schalen zurück. Das Licht ist sehr hell. Für menschliche Augen würde es blendend sein, aber nicht für die Augen des Geistkörpers. Dort hat die duftende Atmosphäre eine wunderbar erheiternde Eigenschaft. Man ist mit einem überschäumenden Lebensbewußtsein erfüllt, dem die Grenzen fehlen, wie sie ihm im irdischen Körper gesetzt sind. Dort fühlt sich der Geist wirklich frei. An den vier Seiten des Hofes – des einzigen der vielen Lichthöfe, den ich bis jetzt sah – befinden sich wunderbare Gebäude und Tempel im griechischen Stil. Sie erinnerten mich an Bilder und Beschreibungen, die ich von der Akropolis gesehen und gelesen hatte, von dem Zustand vor ihrer Zerstörung. Auch der Mentor mit seiner stattlichen Erscheinung und den feingeschnittenen Zügen erschien mir wie eine verherrlichte Verkörperung altgriechischer Männlichkeit. Die Kleider im antiken Stil sind weiß, aber von einem Weiß, das mit irdischer Weiße nicht zu vergleichen ist, denn das Gewand strahlt Licht aus. Um sein Haupt ist ein Kranz von Blättern, und auf seiner Brust hängt an einer dünnen Kette ein glitzernder Stern. Andere Engel, ähnlich gekleidet, standen oder gingen plaudernd, in Gruppen oder als Paare. So wenig ich die Schönheit der Lichthöfe beschreiben kann, ebenso wenig kann ich den gewaltigen Eindruck der Belehrungen des Mentor erklären. Seine Sprache war meinem Verstehen so angepaßt wie die eines erwachsenen Mannes für ein Kind. Aber die gewaltige Wirkung, die sie hatte, ist unmöglich zu schildern. Wer öffentlichen Rednern zugehört hat, weiß, wie ihre Überzeugungskraft abhängt von dem Eindruck ihrer Persönlichkeit. Selbst bei den bedeutendsten Rednern kann uns ein Zweifel bleiben, aber von dem Mentor in den Höfen des Lichts nicht. Ich bin gewiß, daß ich Wahrheiten, geistigen Wahrheiten von höchster Bedeutung für die Menschheit zuhöre. Manchmal habe ich, wenn ich auf die Erde zurückkehrte, sorgfältig das aufgeschrieben, dessen ich mich von den Belehrungen erinnerte, aber wenn ich dann meine Niederschrift las, merkte ich betrübt, daß die Worte nicht die gleiche Kraft hatten, so herrlich zu überzeugen, wie Worte des Mentor zu meinem Herzen gesprochen hatten. Der Mentor, der einige hundert Jahre lebte, bevor Christus seinen Dienst auf Erden begann, ist ein Diener des Herrn der Lichthöfe. Und der große Glaube, den er in meinem Herzen entzündete, war der, den der Heiland in Galiläa verkündete. Der Schluß seiner Reden war immer die Liebe Gottes, der Segen und die Glückseligkeit, die sie denen vermitteln, so etwa sagte der Mentor, die sie annehmen. – – „Engel sind da, eine Menge von Engeln, die begierig, besorgt, sehnsüchtig, verlangend sind, der Menschheit zu dienen, sie zu überreden, die Fenster ihrer Seele dem Licht – dem Gotteslicht – zu öffnen, das ihnen Seelenfrieden bringt, der über allen Verstand geht. Aber weil die meisten von ihnen in geistiger Dunkelheit, in Anbetung falscher Güter, Selbstsucht, Sinnesfreuden leben oder so von Armut und Elend niedergedrückt sind, daß sie gar nicht mehr merken, daß sie Seelen haben, können die Engel ihnen nicht dienen, was sie doch eifrig zu tun wünschen. Wenige unter den vielen Millionen Menschen wissen etwas von Engeln oder deren Dienst auf Erden. Auch die meisten ihrer geistigen Lehrer sind unwissend. Sie glauben, daß Engel immer im

Himmel bleiben und dort sich einer unaussprechlichen Glückseligkeit erfreuen, aber in völliger Vergessenheit ohne Verbindung mit der kämpfenden, leidenden Menschheit, deren Seelen verhungern. Mit dem Aufstieg in himmlische Sphären gewinnen wir eine tiefere, umfassendere Kenntnis von Gottes Liebe, und es scheint, daß wir mit dem Zunehmen dieser Erkenntnis Gottes Eigenschaften widerspiegeln. Wenn nun also Gottes Liebe für seine Kinder auf Erden nicht geringer ist als für die im Himmel, wie könnten wir denn das sein, was wir sind, wenn wir sie nicht auch lieben würden? So wie dein Herz, Schwester, von Mitleid bewegt wird, wenn du jemand hungern siehst und ihm an Nahrung gibst, was er nach deiner Meinung vertragen kann, so sind wir in noch größerem Maße von Mitleid erfüllt und bemüht, den Millionen hungernder Seelen die wunderbare Gabe göttlicher Liebe zu bringen." Um der Glut seiner Gefühle noch vollkommener Ausdruck zu geben, sang er Zeilen eines Liedes, das ich vorher nie hörte, das aber vielleicht in einer alten Sammlung von Hymnen zu finden ist. Es klingt in meinem Herzen wieder und wieder der süße und frohe Kehrreim: „Sing wieder und immer wieder vom Wunder der göttlichen Lieb." Die Worte sind einfach, aber welche Tiefe des Gefühls drückte sich damit aus, wenn der Mentor sie mit heißem Frohlocken sang! Nie vorher hatte ein Gesang einen so tiefen Eindruck auf mich gemacht. Als ich wieder zur Erde zurückkam, fand ich mich wieder in meinem Körper und im Bett liegend; aber der wundervolle Klang des Gesanges war noch in meinen Ohren.

Als ich mich wieder einmal mit dem Mentor zusammen an dem Springbrunnen in den Höfen des Lichts befand, füllte er einen Kristallbecher und reichte ihn mir. „Trinke das aus", sagte er, „es wird dich erfrischen und stärken." Nach dem Trunk fühlte ich mich sofort gestärkt, und alle meine geistigen Fähigkeiten schienen erhöht. Der Mentor hob seine Hand über meinen Kopf und machte eine Bewegung, als gieße er etwas über mich aus, und ich merkte, daß ich auch in eine schimmernde weiße Kleidung gehüllt war. „Nun komm mit mir", sagte er, „ich will dir einen der Kunsttempel zeigen." Er führte mich ein Stück weit durch den Hof, und wir kamen zu einem gewaltigen Gebäude, das aus reinstem weißem Marmor zu sein schien. Baulich war es in der Art griechischer Tempel. Über breite Stufen kamen wir zu einem säulenartigen Porticus und traten durch diesen in eine große Halle. Die Wände waren in Karmin drapiert, aber der Materialstoff, wenn man es so nennen kann, war wolkenartig. Als ich versuchte, es zu befühlen, fühlte ich nichts. Im Innern standen zwischen Palmen manche Skulpturen – Einzelfiguren und Gruppen – alle, wie es schien, aus Marmor. Dazwischen waren Palmen angeordnet. Die Luft war mit wunderbarem Wohlgeruch angefüllt. Die hervorragende Schönheit der Bildwerke erfüllte mich mit Bewunderung. Einige der Stücke erkannte ich wieder als von dem, was ich in Galerien oder durch Abbildungen gesehen hatte. Alle hatten ein unbestimmbares Etwas, das sie von denen auf der Erde wesentlich unterschied und schöner erscheinen ließ. Ich fragte meinen Bruder, was das sei. „Was du hier siehst", antwortete er, „sind die Verkörperungen der Ideale einiger der berühmtesten Meister des Altertums, die versuchten, sie sichtbar und berührbar zu machen. Ihre Werke werden also zu recht auf der Erde als Meisterwerke bewundert, was sie aber da vollbrachten ist, wie du hier sehen kannst, noch weit entfernt von dem, was sie im Sinne hatten, wie so eben immer bei Werken der Menschenhand." – „Und woher kommen diese herrlichen Kunstwerke?" fragte ich. – „Nur auf Geheiß des Allerhöchsten, wie alles, was du hier siehst", antwortete er. „Nur die Werke des Schöpfers sind vollkommen. Während vieler Generationen gab es in der Bildhauerei auf der Erde keinen Fortschritt. Die Kunst der alten griechischen Meister wurde nie übertroffen. Als ich auf der Erde war, war der Erwerb solcher Werke mein höchstes Verlangen. Ich war von ihrer Schönheit entzückt. Aber seit langem lernte ich, daß dieses Vergnügen weit hinter der Freude zurückbleibt, wenn man sucht, im geistigen Leib zu wachsen, einen bleibenden Glauben an Liebe und Vertrauen in Gott zu erwerben und anderen zu helfen, sich geistig zu entwickeln." Ich erzählte ihm, daß ich oft heiß gewünscht hätte, die Gabe zu besitzen, mittels Malen oder Modellieren etwas von den Visionen darzustellen, die gelegentlich vor meinem Denken entstanden. „Dir ist doch eine viel höhere Gabe geschenkt worden", sagte er, „dir wurde der erhabene Vorzug, diese Himmelssphären besuchen zu dürfen und da Einblick in das Wesen der unendlichen Liebe Gottes und in den Dienst seiner Engel zu erhalten, um anderen davon zu berichten und so Samen auszubreiten, der für viele Herzen gute Früchte bringen wird. Ein großes Kunstwerk mag die Bewunderung Tausender und Ruhm für den Künstler gewinnen, wichtiger ist aber, auch nur eine Seele für Gott zu gewinnen." Als wir nach Verlassen des Tempels einige Schritte gingen, machte der Mentor plötzlich eine Bewegung und rief aus: „Sieh da!" Die herrlichen Gebäude verschwanden vor meiner Sicht, und ich sah weithin eine Menge Engel, die Lob- und Danklieder sangen, in die ich unwiderstehlich einstimmen mußte. Es war ein solch erhabenes und glorreiches Bild von Freude und Glückseligkeit, wie man es sich auf Erden nur dunkel vorstellen kann. Als ich mein Staunen über die ungeheure Menge dieser vorbeiziehenden Engel ausdrückte, sagte der Mentor: „Engel Gottes gibt es wie Sand am Meeresstrande. Unzählige. Und du sollst davon erzählen, damit Menschenherzen sich dem Dienst dieser Engel öffnen. Erfreue dich und sei Freude!" Ich war schon mehrmals in den Lichthöfen gewesen, bevor ich jenseits deren Grenzen mitgenommen wurde, was ich erst merkte, als ich schon da war. Wie früher hatte mir auch diesmal der Mentor eine Schale Wasser aus dem Springbrunnen zu trinken gegeben, was bewirkte, daß ich wieder mit einem strahlenden weißen Gewand bekleidet war. Der Mentor führte mich durch den Hof zu einem hohen Torweg mit einem herrlich verzierten bronzeartigen Tor. Er hob seine Hand, und es ging auf. Dann bot sich mir eine Szene von bezaubernder Schönheit, die ich nur andeuten kann. Ich möchte es vergleichen mit einem Park von unbeschreiblicher Schönheit und Duft. Allerlei Bäume waren in Blüte, so wie beispielsweise unsere Kastanienbäume im Frühsommer. Aber vielfältig waren Formen, Farben und Gerüche der Blüten. Zahlreiche Vögel mit allerlei buntem Gefieder sangen wie mit überschäumender Freude. Der Boden war wellig, und in der Ferne sah man silberfarbige Flüsse, Seen und Berge mit sprühenden Kaskaden und Wasserfällen. Ich stand wie gebannt bei dem Anblick all dieser Schönheit. Der Mentor fragte mich, was ich auf der Erde am meisten bewundere. „Naturschönheiten", erzählte ich ihm. „Vögel, Bäume, Blumen haben mir mehr Freude bereitet als, mit seltenen Ausnahmen, die Gesellschaft von Menschen. Sie sprachen oft zu mir, aber ich könnte nicht in Worten ausdrücken, was sie meiner Seele vermittelten." – „Nun, dann sollst du von diesen Blumen mitnehmen, Joy", sagte der Mentor. Ich versuchte, einige von den Zweigen zu brechen, konnte aber zu meiner Überraschung auch nicht eine pflücken. Der Mentor pflückte dann einige für mich und, wie mir schien, mit der größten Leichtigkeit. Als ich im Geistkörper heimkehrte, stellte ich sie in eine Vase. Ich mußte feststellen, daß ich sie zwar genauso sah und roch, wie sie der Mentor mir überreichte, aber sie nicht berühren konnte. Meine Hände gingen durch sie hindurch wie durch einen Lichtstrahl, sie aber blieben unbeschädigt, und kein Staubfaden war geknickt. Außer mir konnte niemand im Haushalt sie sehen oder riechen. Die Engel aber, die mich besuchten, konnten sie in die Hand nehmen genau wie wir irdische Blumen. Andererseits konnten sie unsere Blumen, von denen ich immer welche zu Hause habe, nicht fassen. Sie sehen sie, aber sie bieten ihrer Berührung keinen Widerstand. Ihre Hände dringen durch die irdischen Blumen hindurch wie meine durch die himmlischen. Eine Erklärung dafür weiß ich nicht. Es bleibt also die Frage: Welche Welt ist nun die von dauerndem Bestand, die unsrige oder die andere? Eines aber weiß ich bestimmt. Wo auch die Himmelssphären sein mögen, ein menschliches Wesen, nur im Besitz der von der Wissenschaft anerkannten fünf Sinne, würde, wenn es dahin gebracht würde, nichts als Leere und Schweigen feststellen. Für mich aber, versehen mit dem Geistkörper und dessen Sinnen, erscheinen sie wirklicher, beständiger und weit lieblicher als irgendein Teil dieser anscheinend festen Erde. Verschiedentlich nahm mich der Mentor zu einem schönen Tempel im Himmelspark mit. Auch dieser war im griechischen Stil, wie alle, die ich in den Höfen des Lichts sah. Er enthielt keine Bildwerke, auch keine Tribüne oder Rednerpult, aber jedesmal, wenn ich da war, waren viele Engel darin abgesessen, die alle mit dem Ausdruck des Entzückens in der gleichen Richtung nach oben schauten, als ob sie jemandem zuhörten, der ihre Seelen erfreute. Der Mentor erklärte mir, der Tempel diene der Meditation – der Meditation über den Ewigen und seine wundervolle Liebe, Erbarmen, Güte und Kraft, und sie bekämen vom Allerhöchsten wegen ihrer hohen geistigen Entwicklung das, was ihre Seelen bereichere. Als ich einmal in diesem Tempel war, verschwand plötzlich, ohne daß man eine mechanische Einwirkung gesehen hätte, eine ganze Wand, die wie solider Marmor anzusehen war, etwa so, wie im Theater ein Vorhang aufgezogen wird und im Dachboden verschwindet. Der Blick wurde frei auf transzendente Schönheit, eine Prozession von weißgekleideten Geistern, die fröhliche Loblieder sangen, und wie herrlich sie sangen! Es machte auf mich den Eindruck, als gäben sie der heiligen Freude Ausdruck, die den Tempel erfüllte. Es kam immer in dem Tempel ein Engel zu uns, der offenbar in sehr hohem Alter sein Erdenleben beendigt hatte, denn der Schnee vieler Winter lag auf seinem Haupt, und er hatte einen langen, wallenden Bart. Sein Äußeres wirkte als sehr verehrungsdürftig, weiß und heilig. Aber er war nur dem Erscheinen nach alt, in Wirklichkeit war er, was wir uns unter dem Ideal eines Athleten mit ewiger Jugend vorstellen. Dort wirkt diese Erscheinungsform als wunderbarer Zauber. Der „Ehrwürdige", wie ich ihn nennen will, begleitete uns in den Park. Er hatte wie der Mentor dieses Strahlende, das über die Alltäglichkeiten des Lebens erhebt. „Es ist gut", sagte er bei einem unserer gemeinsamen Spaziergänge, „wenn die hier und die auf eurem Zustandsplan oft und tief über die Liebe, das Erbarmen und die Größe Gottes des Allvaters meditieren, denn damit wird ein geistiges Wissen erworben – nicht als das Wissen über materielle Dinge, wie es mit den beschränkten mentalen Fähigkeiten in mühevollem Studium erworben wird, sondern durch einfache Aufnahme der Gedanken, die in die Seele fließen." Ich machte noch einige Bemerkungen bezüglich des freudvollen Versunkenseins, das ich auf den Gesichtern derer im Tempel beobachtet hatte. „Was du gesehen hast", sagte der Verehrungswürdige, „ist nur bei denen zu sehen, welche das erreicht haben, was Gott von seinen Kindern verlangt.“ — „Und das wäre?“ fragte ich. — „Wahrhaftigkeit“, antwortete er, „Aufrichtigkeit im Denken, in der Gesinnung, die von den Menschen verborgen wird, deren Werke aber Gott kennt; Einfachheit im Entschließen und entschlossenes Sichhingeben an den Dienst für Gott — dem höchsten Gut, in welchem Maße immer es bewußt werden möge. Das ist selten in eurer Welt. Unter dem Vorwand, Gott zu dienen — Gottes Willen zu tun — suchen die Menschen oft ihre Wünsche zu erfüllen. Mit einer Hand möchten sie gleichsam sich an Gott festhalten, während sie mit der anderen Hand an den wertlosen Dingen der Welt hängen. Ihr Sinnen ist geteilt. Treue kann nicht in ihnen wohnen. Sie können vielleicht andere täuschen, sie betrügen vielleicht sich selbst — und das ist fatal für ihre geistige Entwicklung — aber Gott können sie nicht täuschen. Versucht doch“, fuhr er fort, „eine vollständige Hingabe zu schaffen an Treue in Gedanken, Worten und Werken. Dann erheben sich eure Seelen über die Dinge, welche sie hinabziehen, den Blick verdunkeln und sie des Lichtes göttlicher Liebe berauben wollen. Dann wird dir und jedem, der es von Gott lernen will, Unterweisung in geistigen Dingen. Entwickelt die Gewohnheit, auf diese feine, verborgene Stimme zu horchen, die dann zu eurer Seele spricht und fraglosen Gehorsam in die euch dann gegebene Führung bewirkt. Dann werdet ihr auch Glauben in dem für euch erreichbaren Maße empfangen.“ Bei einer anderen Gelegenheit sagte der Verehrungswürdige: „Du hast nun gesehen, was du noch erreichen kannst, aber hüte dich, bei dem Streben nach dem Ideal die Lebensaufgaben auf der Erde zu übersehen und zu vernachlässigen, sonst würdest du die wichtigsten Lektionen des Lebens nicht richtig lernen. Das Erdenleben ist nicht dazu da, um verträumt zu werden. In der treuen täglichen Erledigung ihrer Pflichten erwirbt die Seele Geduld, Stärke und Standhaftigkeit. Für suchende Seelen ist vieles, was oft auf dem Wege der Pflicht liegt, eine schwere Belastung. Oft ist es enge, besonders für die, welche für ihren und ihrer Familie Lebensunterhalt streng arbeiten müssen, und das oft auch noch unter wenig entsprechenden Verhältnissen. Aber glaube mir, gerade in der Erfüllung der Pflicht beweisen sie am besten ihren Glauben und ihr Vertrauen in den großen All-Vater und kommen näher zu dem Herzen der All-Liebe."

Bei einem der Spaziergänge mit dem Mentor und dem Ehrwürdigen machte ich, wie damals im Himmelsgarten, die Bemerkung, daß es da ja keinen See gäbe. Der Ehrwürdige lachte und erhob seine Hand. „Schau!" sagte er. Bevor er das sagte, gingen wir zwischen den blühenden Bäumen, in der Ferne die sich türmenden Berge. Bei seinem einzigen Wort: „Schau!" verschwanden die Berge aus meiner Sicht, und ich hatte den Eindruck, wir ständen auf der Spitze eines Riffs und tief unter uns dehne sich weites, glitzerndes Meer aus mit vielen Dampfern und Segelschiffen. Es war ein erhebendes Schauspiel. Der Mentor bemerkte dazu: „Erde, See, Himmel, Menschheit, ja, das ganze Universum verkündet die Allmacht des Schöpfers, des großen All-Vaters. Nimm die Fülle der Schönheiten der Schöpfung in dich auf und fühle, daß auch du deinen Platz hast in Gottes Schöpfung." Es schien mir, daß wir sehr hoch über dem Meer ständen, aber es war nicht so, wie man sonst eine solche Szene aus großer Höhe sieht. Ich sah es wie mit einem Fernrohr, ja, noch besser, denn die Winkelbeschränkung im Fernrohr bestand für mich nicht mehr. Ich mußte meinen Blick nur auf einen Punkt richten, und ich sah da alles – die Gesichter der Leute, alle Einrichtungen der Schiffe und zwar so genau, als stände ich auf dem Deck. Nein, mehr noch, ich sah durch das Deck eines großen Schiffes hindurch, die Ladung, die wunderbaren Maschinen und die Bunker, aus denen man die unersättlichen Kessel heizte. Der Mentor hatte mir erzählt, daß die Engel ihre Gedanken nur auf einen Punkt der Erde einzustellen brauchen, um alles dort zu sehen, als ständen sie dabei. Sie hören auch, was die Leute reden, die sich da befinden, auch lesen sie die Gedanken, die manchmal sehr verschieden sind von dem, was geredet wird.

Was mich sowohl im Himmelsgarten wie im Himmelspark neben ihrer beglückenden Schönheit beeindruckte, war das völlige Fehlen auch nur einer Andeutung von Verfall. Keine gefallenen Blätter und verwelkten Blumen, kein verwelktes Gras war da zu sehen. Gerade die Vegetation dieser gesegneten Gefilde ließ erkennen, daß Tod da unbekannt war. Es gibt dort auch keinen Schatten. Bäume, Gebäude, Engel, nichts wirft Schatten. Was auch immer die Quelle des Lichtes dort ist, mir will scheinen, daß es nicht von einem zentralen Himmelskörper stammt, wie zum Beispiel die Sonne die Erde bescheint. Finsternis ist dort auch unbekannt. Engel haben mir erzählt, daß für sie auch auf der Erde Finsternis nicht besteht. Sie können hier bei Tag und Nacht gleich gut sehen. Das Geistsehen benötigt keine künstliche Beleuchtung. Über die Ausdehnung der Sphären, welche ich besuchen durfte, habe ich keine Ahnung. Ich kann nicht beanspruchen, mehr gesehen zu haben, als es Bewohner eines anderen Planeten könnten, die gelegentlich den unseren besuchen.

Der Mentor hat mich oft belehrt über geistige Dinge. So sagte er: „Das große Geheimnis für Seelenfrieden und fröhliches, reicheres Leben ist das Vertrauen in Gott. Das ist die große Lektion, welche die Bibel lehrt. Das ist richtig verstanden in dem Buch der Sprüche ‚Wer auf mich horcht, soll sicher wohnen und kein Übel fürchten'. Das kann dem Menschen im Leben mehr helfen, als alle philosophischen Systeme, die je geschrieben wurden. Die getreuliche Befolgung des Rates des Psalmisten: ‚Auf allen deinen Wegen erkenne Ihn und Er wird deine Schritte lenken', kann weit größeres Glücksgefühl bringen als die sklavischste Befolgung eines menschlichen Lehrers, dessen Weisheit ja nur Produkt seines eigenen Verstandes ist. Die Liebe Gottes ist nicht nur eine leere Annahme; sie ist wirklich und die wirkungsvollste Kraft in der Welt. Für die Seele des Menschen ist sie, was die Sonne für die Erde ist, die ohne der Sonne Licht und Wärme nichts hervorbringen würde, das des Menschen Hunger stillen kann. Er mag dann graben, pflügen und säen, nichts wird für ihn reifen. Um den Seelenzustand zu erreichen, der die Betreuung durch Engel zuläßt, muß der Mensch zunächst mit seinen Gedankenquälereien aufhören. Er muß seine Unfähigkeit einsehen, selber das zu finden, was seine Seele benötigt. Er muß sich dem Gebetsinstinkt überlassen, der in allen Herzen wohnt. Er muß um Hilfe bitten. Mit oder ohne

Worte, das ist gleich; wenn es nur aufrichtig ist. „Furcht", sagte der Mentor bei einer anderen Gelegenheit, „ist der größte Feind der Menschheit. Unzählige Millionen verbringen den größten Teil ihres Lebens in der Knechtschaft irgendeiner Furcht, Furcht vor Krankheit, Fehlschlägen, Furcht vor Armut, vor dem Alter, Furcht vor dem Tode.
Die Menschen, deren Gemüt dauernd ein Raub dunkler Vorboten von Störungen ist, leben nur halb. Furcht schaltet die Denkkräfte aus und macht aus der Einbildungskraft, die eine Quelle dauernder Freude sein sollte, ein Marterwerkzeug. Nur Vertrauen in Gott kann den Menschen von dieser Geißel befreien. Es gibt aber auch noch viele Leute, die sich fernhalten von allem, was ihr geistiges Verstehen wecken könnte, aus dem irrigen Glauben heraus, daß eine Einfügung in ihr Denken eine Beschränkung ihres Denkvermögens bedeuten würde und als dunkel und erniedrigend anzusehen sei; kurz, daß das geistige Leben ein großes Opfer an Glücksempfinden erfordere. Sobald sie das Gegenteil erfahren, können sie daran gehen, ihre Herzen dem Dienst der Engel zu öffnen."

Die Kenntnis von der Tätigkeit der Engel diesseits und jenseits hätte ich nicht erlangen können, wäre ich nicht mit besonderen Gaben versehen worden. Aber glücklicherweise kann auch, wer sie nicht hat, die gesegnete Hilfe der Engel empfangen und erkennen. So empfing einer meiner Freunde ohne besondere psychische Gabe den völlig überzeugenden Beweis für den Dienst der Engel und wurde obendrein befähigt, eine Sorge zu überwinden, die ihn sonst erdrückt haben würde. Damit anderen in gleicher Lage damit geholfen werde, erlaube ich mir, mitzuteilen, was er für mich niedergeschrieben hat. „Nach langer, schmerzvoller, aber mit großer Geduld ertragener Krankheit starb meine Frau, und ich stand allein. Sie war befähigt gewesen, oft Geister, die ihr Hilfe brachten, zu sehen und mit ihnen zu reden. Von den Berichten über das, was sie ihr verkündet hatten, war auch ich voll überzeugt worden, daß der Tod nur der Beginn ist zu einem anderen Zustand des Lebens, der für die, welche sich bemühen, ein gutes Leben zu führen, viel glücklicher ist als das Leben auf dem Erdenplan. Als meine liebe Frau von mir genommen wurde, schien es mir unmöglich, daß ich, der ich nicht ihre Gaben hatte, sie sehen und mit ihr sprechen könne, so wie sie es zu Lebzeiten mit ihrer Mutter und anderen Verwandten vermocht hatte. Aber ich sehnte mich sehr nach ihrer Anwesenheit und daß auch ich in irgendeiner Form von den Geistern Hilfe erhalten könnte. Es war mir bewußt, daß ich, wenn ich Kummer und Niedergeschlagenheit Raum gäbe, eine Schranke zwischen mir und den Geistern aufrichten und damit jeden Einfluß ihrerseits verhindern würde. Ich fühlte deshalb auch, daß ich zur Erfüllung meines heißen Verlangens mich selbst von allen dunklen und traurigen Gedanken freihalten müsse. Anstatt an mich, meinen großen Verlust und meine Verlassenheit zu denken, begann ich darüber zu denken, was sie gewonnen habe. So gut ich es konnte, malte ich mir aus, in wie herrlicher Weise sich ihr Zustand verändert hatte. Es wurde mir auch klar, daß ihr alles, was ich für sie erbeten hatte, zugekommen war. Ihre Gesundheit war wiederhergestellt, die Kräfte waren erneuert, und sie war ledig aller Pein. Ja, noch mehr als ich für sie erbeten hatte, fiel ihr zu, sie wurde in den Himmel aufgenommen. Würdest du, fragte ich mich, um selbst glücklicher zu sein, von ihr verlangen, daß sie in den entkräfteten, schmerzgequälten Körper zurückkäme? Nein, gewiß nicht, antwortete ich mir selbst. Dann empfing ich, wie es mir schien, eine Botschaft von oben, die mich aufforderte, Gott für die reiche Erhörung meiner Bitten zu danken und mich zu freuen über den Beweis, der mir gegeben worden war von seiner Güte und Erbarmen. Es kam Friede in mich und meine Seele fand Ruhe. Dann aber, dieses Wunder. Ich stellte fest, daß meine Frau zu mir sprach – zu meiner Seele sprach. Es war nicht ein unbestimmtes Fühlen, es war volle Gewißheit. Der Sinn ihrer Gedanken wurde klarer von mir erfaßt, und drang tiefer in mich ein, als wenn ich es mit Worten und mittels der körperlichen Organe empfangen hätte. Auf ihrem geistigen Wege konnte mich mein Weib an der Freude teilhaben lassen, die über sie gekommen war. Diese Erfahrung wiederholte sich oft. Aber es schien mir, daß ich, um die gesegnete und volle Gewißheit ihrer Anwesenheit zu bekommen, einen Seelenzustand haben müsse, der mich dazu drängt, Gott ein Dankgebet darzubringen. Das war keineswegs immer leicht, denn Unduldsamkeit aus Selbstfrömmigkeit, Gedanken an wirkliches oder eingebildetes Unrecht, falsche Reue oder ähnliche Schwächeanfälle können es verhindern. Und da fehlte auch ich oft. Ich nahm die Gewohnheit an, eine Stunde oder auch mehr vor dem Schlafengehen für die rechte Einstellung zu widmen. Ich bereitete mich dafür vor — oder versuchte es — indem ich mir vorstellte, wieviele Beweise von Gottes gütiger Liebe ich während des Tages erfahren hatte, weiter, ob ich mit Erfolg mich vor selbstsüchtigen und mißstimmigen Gedanken gehütet hatte. Dann folgte das Gebet und anschließend die Verbindung mit der Geliebten. Mit der Anwendung wuchs die Empfänglichkeit für ihren fördernden Einfluß. Bald danach merkte ich, daß auch die Geister anderer Menschen, die ich zu ihren Lebzeiten gekannt hatte, bei mir waren. Ich war oft fähig, klar festzustellen, woher die Gedanken kamen, die mir eingegeben wurden. Ich fand, daß mir das sehr half, unterscheiden zu können zwischen meinen eigenen Gedanken, die mir gegeben wurden, um sie später in Wort oder Schrift wiederzugeben. Ich hatte noch nicht lange von diesem segensreichen Troste Nutzen gezogen, als ich spürte, daß ein Geist mir zu Hilfe kam, den ich auf Erden nicht gekannt hatte. Ich hatte von ihm den Eindruck, daß er höhere Kräfte besaß als die anderen, die zu mir kamen. Die Gedanken, die mir von ihm eingegeben wurden, waren stärker und bestimmter. Sie waren immer das Erhabenste, was ich aufnehmen und verstehen konnte. Ihr Ziel war mein Wissen von Gott zu erweitern und mich seine Liebe besser verstehen zu lassen, als bis dahin. Ich glaube, daß das Vermögen der Geister viel höher ist, uns geistige Belehrung zu bringen, als das der begabtesten menschlichen geistigen Lehrer. Keiner von den Predigern, die ich hörte, und es waren bedeutende Geistliche darunter, konnte mir auch nur annähernd zum Verständnis der Liebe Gottes helfen. Aber mit Hilfe von Geistern und besonders des erwähnten, konnte ich bis zu einem gewissen Grade dieses Verständnis erlangen."

Der Mentor nahm mich einmal über weite Entfernung hin, wie es mir schien, mit zu einem hohen Gebirge, dessen Gipfel mit Schnee bedeckt waren. „Betrachte", sagte er mit einer entsprechenden majestätischen Bewegung, „die wundervolle Dämmerung." Die Dämmerung brach gerade an. Es wäre Sache einer inspirierten Feder, sie zu schildern. Die Beleuchtung der Berge wechselte von grau zu blaßrot, dann zum Rosarot. Im Osten war das Panorama farbenreicher. Es war, als wenn ein titanischer Künstler mit Riesenpinseln den Himmel in allen Regenbogenfarben bemale. Und dann stieg die Sonne auf und überflutete die Erde mit Licht und Wärme. Es war mir, als sei es eine Darstellung der Weltschöpfung. „Es wird dann noch eine weit herrlichere Dämmerung für die ganze Menschheit anbrechen", und wieder rief er aus: „Schau hin!" Als ich niederschaute, sah ich weit unter mir Millionen in allen Völkern und Rassen, Städten, Feldern und Ebenen, die sich abquälten. „Alle diese", sagte er, „mühen sich um das tägliche Brot, aber sie haben auch noch einen tieferen Hunger in ihrer Seele, und den kann nur der Unendliche Gott stillen. Aber so wie die aufsteigende Sonne die Dunkelheit der Nacht verscheucht, so wird eine geistige Dämmerung für sie anbrechen, welche die dunklen Schatten der Unwissenheit, des Zweifels und der Furcht durch den Dienst der Engel verscheucht, und Gottes Liebe wird ihre Seelen erhellen."

AUSZUG aus Rudolf Passian: „Abschied ohne Wiederkehr?" 2. Aufl. 1976, G. E. Schroeder-Verlag, D-2391 Kleinjörl bei Flensburg, Seite 64: „. . . Prof. Haraldur Nielsson erwähnt eine Engländerin namens Joé Snell, die seit ihrer Kindheit hellsehend gewesen sei, aber nie als Medium gewirkt habe. Während einer 20jährigen Tätigkeit als Krankenschwester habe sie häufig Gelegenheit gehabt, Sterbende zu beobachten. Sie sei hiebei zu den gleichen Resultaten gekommen, wie A. J. Davis, ohne jedoch dessen Bücher zu kennen. Joé Snells Buch „Ministry of Angels" (deutsche Ausgabe: vorliegende Broschüre) sei das schönste Buch, das Nielsson kenne: „Ich begnügte mich nicht damit, ihr Buch zu lesen; ich suchte sie schon im Jahre 1919 in London auf." Von Joé Snell und ihrem Ehemann schreibt er: „Wenn ich zwei Menschen nennen sollte, die ich für würdig halten würde, in unseren Tagen Jünger Jesu genannt zu werden, dann würde ich diese beiden nennen. Ihre Freundschaft ist etwas vom herrlichsten, was mir das Leben geschenkt hat." . . .

BÜCHER VON REBECCA BEARD

I. WAS JEDERMANN SUCHT
Gesundheit durch Reinheit des Lebens, Best.-Nr. 0140

II. UNSER AUFTRAG
Die Entwicklung des inneren Menschen, Best.-Nr. 0141

III. UNSER ZIEL
Befreiung unseres Bewußtseins, Best.-Nr. 0142

Dr. Rebecca Beard war eine der bemerkenswertesten Frauen der Gegenwart. Eine Wissenschaftlerin, Doktorin der Medizin, Philosophin, eine glänzende Rednerin und Bestseller-Autorin. Sie war auch eine Geistheilerin mit erstaunlichen Kräften. Nachdem sie zwanzig Jahre praktizierende Ärztin war, wurde sie von ihren Kollegen als Sterbende aufgegeben. Darauf betete sie in ihrer höchsten Not und wurde augenblicklich geheilt. Ihr erstes Buch „Was Jedermann sucht" – eine praktische Anwendung einiger Grundsätze der geistigen Heilweise –, das sie im ersten Stadium ihrer Erleuchtung verfaßte, wurde von den amerikanischen Lesern so gut aufgenommen, daß es jetzt ein Bestseller ist.

Dann entwickelte sie ihre Philosophie von der geistigen Ganzheit. Sie zeigt in ihrem zweiten Buch „Unser Ziel, Befreiung unseres Bewußtseins", wie Gedanken und Gefühle vielen Krankheiten entsprechen und wie durch Richtunggeben positiver Art das Leben erneuert und der Körper geheilt werden kann. Sie zeigt auch, wie man Wünsche abstellt, Spannungen kontrolliert, wie man ein Mittler wird für neue, große Mächte – wie man aus einem begrenzten Selbst hinaustritt zu der wahren Größe des Lebens.

Das Buch „Unser Auftrag" vollendet ihre wunderbare Trilogie. (Bischof von Croyden)